जीवन की कहानी

गोपाल पात्र

ISBN 978-93-5610-324-5
© Gopal Patra 2022
Published in India 2022 by Pencil

A brand of
One Point Six Technologies Pvt. Ltd.
123, Building J2, Shram Seva Premises,
Wadala Truck Terminal, Wadala (E)
Mumbai 400037, Maharashtra, INDIA
E connect@thepencilapp.com
W www.thepencilapp.com

Author biography

एक बेदाग कवि-कथाकार का जीवन, युद्ध में लड़ने वाला एक अजेय सैनिक - जिसका हथियार है निडरता और ईमानदारी ... विवरण के लिए Google खोजें "गोपाल पात्र" या अंग्रेजी में Gopal Patra सर्च करने पर सारी जानकारी मिल जाएगी।

CONTENTS

जीवन की कहानी

जीवनकीकहानी

गोपाल पात्र

समर्पण:- मेरी माँ

सभी प्रकार के संपादन पी, डी, एफ पेज और फाइल मेकर -

बनानी पात्र

ई-मेल- bananipatra200@gmail.com

फोन नंबर-9143098660

" जीवन की कहानी "

ज़िन्दगी की कहानी...नामकरण ही ज़िन्दगी की कहानी है। तो कहानी कहने में क्या गलत था?

वास्तव में, यह "कविताओं की पुस्तक", एक कविता, किसी के जीवन का प्रतिबिंब - जीवन की कहानी बन गई है! एक लंबी जीवनी को उजागर करने का प्रयास एक कविता के माध्यम से किया गया है ! जीवन का एक अलग तरीका स्थापित करना।

कविताएं मुख्य रूप से मेरे आसपास रहने वालों, मेरे रिश्तेदारों, दोस्तों, जिन्हें मैं लंबे समय से जानता हूं, के बारे में लिखा गया है।

यह "जीवन कहानी" जीवन के सभी क्षेत्रों के लोगों के बारे में लिखी गई है। यहां कौन नहीं है? साधारण मध्यम वर्ग - प्रेमी - बेरोजगार युवा - उपेक्षित महिलाएं / समाज की माताएं - आदर्श पिता - डॉक्टर - स्वामी - कवि - चित्रकार। मैं भी नहीं .

कविताएँ थोड़े लंबे और उद्देश्यहीन तरीके से लिखी गई थीं! लेकिन जब फेसबुक की अपनी टाइमलाइन और अन्य समूहों की बात आती है, तो अधिकांश "जीवनी" कविताएँ होती हैं

अत्यधिक प्रशंसित और कई "साप्ताहिक सर्वश्रेष्ठ" और दैनिक सर्वश्रेष्ठ सर्वश्रेष्ठ से सम्मानित!

कविता -

"" "जीवन की कहानी" ""

अब मेरा काम तभी सफल होगा जब मैं पाठकों का मनोरंजन कर सकूँ..

पहचान: -

गोपाल पात्र

एक बेदाग कवि-कथाकार का जीवन, युद्ध में लड़ने वाला एक अजेय सैनिक - जिसका हथियार है निडरता और ईमानदारी ...

विवरण के

लिए Google खोजें

या अंग्रेजी में "Gopal Patra" हिंदी में

"गोपाल पत्र" बंगाली में लिखें " গোপাল পাত্র

सर्च करने पर सारी जानकारी मिल जाएगी।

डाक का पता:-

ग्राम :- भगवतीपुर

पोस्ट :- चतुर्भुज कटि

थाना :- संकरैल

जिला :- हावड़ा

पिन कोड :- 711313

फोन नंबर :- 9143098660

ईमेल आईडी :- patragopal561@gmail.com

अमेज़न लेखक पेज लिंक:-

https://www.amazon.com/author/www.gopalpatra.com

विषयसूची

मेहनती लड़की

न खूबसूरत न बदसूरत...

कच्ची मिर्च प्याज का पन्ना खाएं -

जो युवा अभी बड़ा हुआ है...

मेहनती लड़की!

उनके शरीर के आसपास कितनी रिसर्च...

पुरुष समाज में कितनी समानता पाई जाती है!

नज़र ...

दोनों ब्रेस्ट बिल्कुल मुकुटमणिपुर की तरह हैं...

जांघें बिष्णुपुर का पठार हैं...

पेट गंगा का मैदान है...

और पूरा शरीर हरी बंगभूमि का एक दाना है!

क्या अजीब व्यंग्यात्मक टिप्पणी है...

शरीर ने सह लिया यह सब अब वह शरीर पर नहीं लगाता!

किसी तरह दस क्लास पास की -

अपने ही प्रयासों में

War House में एक बहुत ही सामान्य नौकरी!

हालाँकि मैं और पढ़ना चाहता था, लेकिन यह संभव नहीं था।

घर में सबसे बड़ी कमी -

लकवा से ग्रसित माता-पिता-

माँ का हृदय रोग!

इकलौता दादा...

शादी करना और एक अलग परिवार रखना!

पांच साल कितने साल होंगे...

एकुशे बीस साल की उम्र के बाद गिर गया!

लड़की का अपना परिवार नहीं था ...

ऐसा नहीं है कि मित्र या प्रेमी गठबंधन में नहीं हैं।

लेकिन वह समझता है कि ज्यादातर पुरुष मांस के लालची होते हैं!

वार हाउस में अपने कार्यस्थल पर ...

सामान्य श्रम से-

डी, ओ-पर्यवेक्षक भी

डी, सी, एम तक ...

जल्द ही आपसे बात करें और अच्छी सामग्री बनाए रखें।

विभिन्न प्रकार के आकार और संकेत प्रदान करता है!

उसे लगता है -

हर कोई जड़ से उखाड़ना चाहता है, शकर सहित

कोई भी वास्तव में एक कार से प्यार नहीं करता है!

वह यह भी समझता है कि उसके इक्कीस वर्ष -

यह शरीर के आकार में छिपा है

लाल टुक-टुक एक ताज़ा दिल है ...

और एक पूरा मांसल शरीर!

इतनी आत्मीयता!

अपने करियर के अंतिम पांच वर्षों में

चावल कितना होता है, यह समझना उसने सीख लिया है!

इसलिए बिना किसी प्रलोभन के...

काम और काम गरिमा के साथ रहते हैं!

कर्तव्य - माता-पिता की देखभाल।

मुझे हर महीने दवा और थोड़ा सा फल दो

जब वह अपने पिता से मिला ...

पापा कहते हैं....

"पिछले जन्म में तुम मेरी माँ थी।"

आप किस तरह के बूढ़े बच्चे की देखभाल कर रहे हैं ...

मैं तुम्हारा बाप हूँ ...

मैं एक अपराधी की तरह क्या जीवन जी रहा हूँ!

और दो आँखों से लुढ़का -

दर्द के आंसू!

माँ शामिल होती है...

वह रोता है और कहता है -

तुम मेरे बेटे का जन्म क्यों नहीं हुआ?

आपको क्या चिंता है माँ!

सीने पर लटकने जैसा है..

एक रात वापस आकर कितनी चिन्ता महसूस होती है...

आपको कोई खतरा नहीं है?

समाज की स्थिति ... आदमखोर -

चार साल के बच्चे को मत छोड़ो!!!

माँ रे बहुत चिंतित है!

माँ ने मुँह को पट्टी से ढँक लिया...!

और लड़की अपने माता-पिता को दिलासा देती है ...

अपने कमरे में रोते हुए अपना चेहरा छुपाया-

तकिए भीग जाती है....

मुझे गलत मत समझो....

शरीर को मत भूनना!

हम मजदूर हैं

हम मजदूर हैं।
आप बाबू नेता के पहले नेता हैं!

इसलिए अपनी उंगली को घूमने वाली छड़ी पर रखें।
आपके द्वारा जारी किए गए निर्देशों की हवा उड़ा देती है!
दिन रात मेहनत
बदले में हमें सैकड़ों रुपये मिलते हैं।

जैसे ही आप नीबू का रस पीते हैं, आपको अपने करीबी लोगों
से अकथनीय अपमान सुनने को मिलेगा।

या माथे में गठबंधन दो-चार दिन के लिए निकाल देना चाहिए
किसका पिता उस निर्देश की अवज्ञा कर सकता है?
क्योंकि तेरा धन्य हाथ उनके सिर पर है!
हम दिन-रात चेहरे ढककर काम करते हैं -
आप यूनियन कार्यालय में बैठकर मजदूरों के हितों की बात
करें - छोटे आकार का
बैंगनी - चॉप खाएं।

और

हमेशा यह पता लगाने में व्यस्त रहते हैं कि हमारे साथ कैसे व्यवहार किया जाए।

मंच पर कार्यकर्ताओं के हित में दें बड़े-बड़े भाषण -

लेकिन कोरोना के मौसम को देखकर आप मजदूरों के हित में कितना सोचते हैं?

कोरोना की दहशत-

जब आवारा कुत्ता बाहर जाने से डरता है।

फिर-जान को हाथ मिलाना पड़ा काम करने के लिए-

नहीं तो नौकरी से निकाले जाने की धमकी।

लेकिन आपका अश्वमेध यज्ञ - मतलब उस वोट की सारी जिम्मेदारी हमारे कंधों पर है -

हर जगह जान जोखिम में

मरम बांधने से शुरू होता है

ट्रिपल ...

झण्डा-उत्सव लटकाना - लोगों को इकट्ठा करना।

फिर।

मुँह की मीठी बातें सुनकर जोर-जोर से तालियाँ बजाना -

हर चीज़।

हमारी पत्नियों और बच्चों को मत छोड़ो ...

आप के कहने पर जान जोखिम में डालकर जुलूस निकालने के लिए लोगों को घरों से बाहर निकलना पड़ रहा है.

लेकिन यही असली सच्चाई है....

दिन-रात मेहनत करने से हमारे पास गठबंधन में दोगुना खाना-

लेकिन आपको घर बैठे या हमें एक वस्तु के रूप में उपयोग करके मजदूरी का एक हिस्सा मिलता है-

आप लाखों करोड़ रुपये की जमा राशि के ऊपर बैठते हैं

और आप नेता-

केवल विपक्षी भाषण के सामने।

लाल-नीले-हरे-बैंगनी के सभी सिद्धांतों और आदर्शों को भूल जाओ।

पूंजीवाद को नष्ट होने दो - स्लोगन - स्लोगन -

पूंजीवाद के साथ समझौते के तहत -

यह लोमडी और लकड़बग्घा के बीच समझौते की तरह है!

हम मोटे हैं -

सबसे गरीब बेवकूफों की पार्टी

आप शिक्षित-सौम्य बग टीम हैं!

हम भी देख रहे हैं

लोग देख रहे हैं और हर कोई सब कुछ समझता है-

लेकिन वह कुछ नहीं कहता।

ये अनकहे शब्द एक दिन मतपेटी में वेसुवियस की तरह फूटेंगे!

क्या उस दिन तेरा वजूद मिलेगा?

विवाह

सरस्वती पूजा की शुरुआत अंजलि से होती है।

ऐसा कुछ नहीं, बस एक छोटी सी आँख मिलाना

और थोड़ी बातचीत।

फिर होली मिल गई

आपने अबीर को ठंड में डाल दिया!

यह एक बोरी की तरह दिखता है जो एक ड्रॉस्ट्रिंग से घिरा

होता है।

सच कहूं तो मैं अबीर की तरह हूं

तन मन

रंगीन हो गया!

फिर एक पल के लिए रुकें

थोड़ी सी नज़रें मिलाना, थोड़ी सी मुस्कान

शब्दों के टुकड़े उड़ा दो!

तब मुझे ठीक से समझ नहीं आता, प्यार

या मेरी कमजोरी तुम्हारे प्रति?

मेरे पिता का व्यवसाय और आपका निम्न-आय वाला

परिवार।

हालांकि आप हर चीज में प्रथम श्रेणी में हैं

इसलिए मेरे पिता तुम्हें पसंद करते थे!

मेरे दिमाग में पहली बात यह आई कि आपके पास कितना बांस है ... जिस दिन आप काम के लिए बड़े शहर में चले गए!

यह एक शब्द की तरह है जब छाती फटती है तो लड़कियां अपना मुंह नहीं खोलती हैं _

मेरा हाल उसी पिंजरे में कैद पंछी का है!

उसके ऊपर, क्या बानेदी परिवार के सम्मान और सम्मान का कोई मुद्दा है?

फिर कुछ साल बाद

बर्तन देखकर मैं दंग रह गया।

डॉक्टर मास्टर इंजीनियर।

यह समय से पहले समूहों में आता है

यह घर में एक त्योहार की तरह है।

कोई बालों का आकार देखता है तो कोई पैर देखता है।

किसी को चेहरे का आकार दिखता है तो किसी को छाती का।

अंत में मुझे वह मिल गया जिसमें सभी गुण थे

इंजीनियर बर्तन।

बकाया सबके चेहरे खिल गए - अच्छे दिन पकडे गए!

अग्नि का प्रकाश आतिशबाजी है।

मैं दोस्तों और रिश्तेदारों से घिरी एक नई दुल्हन की तरह कपड़े पहनती हूं।

आज मेरी हैप्पी मैरिज... लेकिन हैप्पी_शुभ कहां है?

मैंने गुप्त रूप से आपके पते के साथ एक निमंत्रण पत्र भेजा है। ऐसा कुछ नहीं है। मैं आपसे केवल एक बार मिलने की उम्मीद करता हूं

पापा ने गम्भीर धीमी आवाज में कहा, मिली, बगल के कमरे में आ जाओ, दूल्हे की पार्टी बुला रही है!

मैं अभी घर पहुँचा हूँ।

जब वह घर पहुंचा, तो उसके पिता ने उसे अपने सारे गहने उतारने के लिए कहा।

मैंने आश्चर्य की दृष्टि से अपने पिता की ओर देखा।

पिताजी शांत हैं

उन्होंने कहा कि जैसा मैं कहता हूं वैसा ही करो।

वे अपने साथ लोगों को यह देखने के लिए ले आए कि क्या मैंने तुम्हारे गहनों की नकल की है।

मैंने सारे गहने उतार कर बिस्तर पर रख दिए।

सुनार ने एक-एक करके गहनों की जांच की और कहा कि सब ठीक है, बस इतनी पतली

बिना जंजीर के।

पिताजी ने तुरंत कहा कि यह आप ही थे जिन्होंने मिल्ली को आशीर्वाद के रूप में भावना दी।

उपस्थित सभी लोग

हास्य की भावना के साथ

एक स्वर में बोलो

फिर इतनी देर क्यों हो रही है जब सब कुछ ठीक है तो दूल्हे को छत के फर्श पर ले जाना चाहिए!

पिता ने धीमी, शांत आवाज में कहा, "बेशक तुम खाते-पीते हो। दूल्हा-दुल्हन ने इतने लंबे समय से खाना-पीना लगभग खत्म कर दिया है।"

इसका क्या मतलब है?

इसका मतलब यह नहीं है कि आपको इंतजार करना होगा और देखना होगा।

जो लोग घर में छोटे-छोटे लोगों को लाते हैं, यह जांचने के लिए कि लड़की है या लड़की का परिवार थोड़ा तुच्छ आभूषण है, यह जांचने के लिए कि यह असली है या नकली।

मैं अपनी बेटी से शादी नहीं करूंगा!

अगर मेरी बेटी

वैराग्य जीवन भर बूढ़ा होना ठीक है।

कृपया अलविदा कहें।

एक पल में, जगह बदल गई और पूरा घर स्तब्ध था

उन्होंने मुझसे अपना फैसला बदलने के लिए कहा।

पिता अपने निर्णय पर अड़े हुए थे और उन्होंने अपनी माँ से कहा, "कमला, चिंता मत करो। बहुत सारे रिश्तेदार और दोस्त हैं। कोई तो होगा जो मिली को अपना लेगा। वह उसे स्वीकार करेगा।"

मेरी माँ ने ऊँचे स्वर में कहा, क्या सचमुच कोई है जो मेरी मिली माँ को अपना मान लेगा?

भीड़ में से अचानक एक धीमी आवाज निकली, आप सभी और सबसे बढ़कर मिल्ली अगर आप सहमत हों तो

रिहाइश

तब मैं मिल्ली को स्वीकार करने के लिए तैयार हूं ...

पल भर में सारी निगाहें लड़के की ओर झुक गईं।

मन ही मन मैंने कहा मेरा भला!

पापा ने बस एक ही बात कह दी, मानो मत मां, तुम्हें देखकर खुशी होगी।

पापा की बातें सुनकर मेरे चेहरे पर खुशी के आंसू छलक पड़े।

तुरन्त ही सूर्य उदय हुआ, आतिशबाजी हुई और चारों हाथ सनैया की धुन पर एक हो गए!

उस दिन से, मैं तुम्हारे सीने में इतना छोटा हो गया हूं कि मैं फिर कभी बड़ा नहीं होना चाहता था!

पिता

मां ..

मेरी मुर्दाघर छोड़ने के बाद -

पहले तुम मेरे घर आओ...

क्या कोई बैग से भरा बैग लेकर बाजार आया था?

मैं अभी तक नहीं उठा..

देखिए मैं बाजार में कितना लाया हूं

नज़र ...

झींगा मछली

आप अभी भी कैसे कूद रहे हैं!

और आपका पसंदीदा ..

अस्थि मसला हुआ युवा बकरी का मांस!

अपनी माँ के साथ उठो -

हाथ गंदे कर लो....

अरे हाँ हाँ....

झींगा मलाइकारी...

और मैं मांस पकाऊंगा!

यह बहुत खाली होना चाहिए ..

क्या आपको भी पढ़ना याद है?

तुम्हारे लिए नमक नहीं..

मैं कितनी तरह की करी बनाता था...

मछली को गोद में रखकर कांटों को हटा दें।

मैं अपने मुँह में चावल डालूँगा!

और जैसे-जैसे हम बड़े होते जाते हैं

आपका स्वाद बदल गया है -

फिर गर्मागर्म लाल आलू की सांस -

और पतला पराठा... चिकन तन- रुमाली ब्रेड!

आप सनकी हुआ करते थे

पिताजी आज मोटे नहीं हैं -

और फुल्को फुल्को लुची!

पांच सदस्यों के सदन में--

आप चारों महिलाएं हैं -

मैं अकेला आदमी हूँ - अच्छा या बुरा

जो कुछ भी होता है ...

तुम्हारी सारी सनक..

जितना चाहो मिलने की कोशिश करो

मैं मर चुका हूं ...!

भले ही आपका आज्ञाकारी दास -

मैंने कभी अपमानित महसूस नहीं किया!

कभी कभी उदास हो जाता हूँ।

लेकिन खुशियों का हिस्सा भी कम नहीं था!

ऐसा ही है ...

फिर ...

जब आपकी एक-एक करके तीन बहनें हों

अगले कमरे में चला गया..

तभी बड़ी सी छाती चीख रही थी -

कितनी यादें संघर्ष कर रही थीं

उसके मन में यद्दा नहीं है...!

कभी-कभी तुम्हारी माँ कहती -

हमारा क्या होगा?

दोनों ऐसे क्या रह सकते हैं?

अनुचित समय पर हमें कौन देखेगा?

लड़का हो तो अच्छा होगा...

संकट की घड़ी में वह हमारे साथ रहे।

बीमार - हमारे सामने

कम से कम एक गिलास पानी लुढ़क जाएगा!

आपका क्या कहना है?

मैं तुम्हारी माँ को दिलासा दूंगा

मैं हूं ...

इसके अलावा, आपकी तीन बेटियाँ हैं ....

तीन दामाद हैं..

वे हमारे बेटे और बेटियां हैं!

तुम्हे देखना चाहिए -

खतरा-खतरा बगल में होना चाहिए!

पर ये दुनिया भी कितनी अजीब है...इतनी शानदार...

सब कुछ नियम के अनुसार है..

क्या इच्छा है, माँ?

वह दिन शुक्रवार 2 जनवरी 1428 था

दस सौ दस कितनी रातें होंगी..

तीनों रोटियां थोड़ी सब्जियां खाती हैं -

मैंने बिस्तर पर जाने का फैसला किया ...

सीने में हल्का सा दर्द महसूस हुआ..

मैंने तुरंत तुम्हारी माँ से कहा -

तुम्हारी माँ के पास थोड़ा सा नारियल का तेल है

और उसके सीने पर पानी डालने लगा...

यह काफी आरामदायक था!

वो सुकून ज्यादा देर नहीं रहा..

मुझे असहनीय दर्द हुआ!

तुम्हारी माँ ने जम्हाई ली और अपना सिर नीचे कर लिया!

पड़ोसी दौड़ पड़े...

हमारी लाचारी देखकर -

टोटो कहां से लाएं

सीधे अस्पताल गए!

तत्काल प्रवेश..

मुझे बिस्तर मिल गया...

डॉक्टर बाबू ने चेहरे पर लगाया ऑक्सीजन मैक्स!

पर मैं तो तेरा बदकिस्मत बाप हूँ...

ईश्वर प्रदत्त वायु में इतनी ऑक्सीजन -

प्रचुरता के बावजूद स्वीकार करने में असमर्थ -

तो कृत्रिम ऑक्सीजन मेरी पाल नहीं है!

टूथपेस्ट भाड़ में जाओ ....

दो आंखों वाली चिड़िया सही निकली!

तुम्हारी माँ अब बहुत अकेली है.....

तुम्हारी माँ और तुम्हारा क्या होगा???

एक लड़की की कहानी

चार लड़कियों और एक लड़के के बाद एक ऐसी लड़की जिसके

सिर पर श्राप का बोझ था, दुनिया की नजरों में आ गई।

बस अनादर...

पापा की भौंहों से परे... आधा खाया-

बता दें कि दूल्हा-दुल्हन की शादी प्लेहाउस में हो जाती है-

दस साल हो गए!

स्कूल का चेहरा नहीं देखा...

इसके अलावा, क्षमता कहां है?

नमक लाने के लिए पंता फरया!

तो अगले कमरे में भेजकर गेम रूम में गुड़िया नहीं मिली!

सुबह सात बजे से रात दस बजे तक...

बस काम करो और काम करो ...

पौष से भरी सर्दी में एक पतली कमीज

या फटी चादर पर.....

अद्भुत सुईवर्क कला!

खूबसूरत सोने की सलवार कमीज!

एक दिन में पांच रुपये नकद एक्सचेंज करें!

ऐसे में उंगलियों के बीच गैप से...

चार या पाँच और स्प्रिंग्स बाहर!

इस बीच प्रकृति हमें बताती है कि -

वह उपजाऊ है ...

 आदर्श महिला!

तब से ...

वह काली लड़की एक खोई हुई लड़की है

सपने देखने लगते हैं

लाल अनार-पलाश...

एक दूल्हे का.. एक छोटा सा कमरा!

इस बीच, मजदूरी में वृद्धि हुई है।

 पांच से पच्चीस - डेढ़ सप्ताह ...

माता-पिता को सौंप दो!

 पांच से दस रुपये हाथ की कीमत के साथ..

डबल चावल दालें -

और दुर्गा पूजा के दौरान...

फ्रॉक या सलवार कमीज!

इस तरह दो-चार साल और बीत जाते हैं

मुझे लगता है कि प्यार की कलियाँ फट रही हैं

ऐसे खिले फूल!

 उनका एक याद रखें -

वह दूर के आकाश का तारा है!

इसलिए छाती फटने पर चेहरा नहीं फटता!

जब सारी दुनिया अँधेरे में तैरती है -

फिर वह आँसुओं में तैरता है।

एक दिन आएगा तो पकड़ा जाएगा!

एक दिन वो आया..

वो उसके प्यार मे गिर पड़ा ...

जिंदगी का पहला प्यार...

 हाथ में हाथ...आँखों में आँख...

पूरे शरीर में हलचल....

अच्छा महसूस करने का पहला जुनून....

सारा दिमाग दिल को ढँक लेता है!

जीवन अलौकिक प्रकाश से भर गया!

फिर .....

फिर क्या है एक कान दो कान -

हर जगह पहुंच गया!

पूरे गांव में पता हो तो...

शरारती लड़की क्या है?

उसे अपराध पसंद था....

एक लड़की एक लड़के से प्यार करती है!

घर पर बड़ों की धमकी...

ये जहर है...

या अपने गले में रस्सी बांधो!

लड़की को भी नहीं करना था!

सच में सही जीवन साथी

उसने जीवित रहने की गलती नहीं की!

उस आदमी की छाती जिसे वह प्यार करती है ...

वह सिर ऊंचा करके खड़ा था -

समाज के लिए!

जिंदगी की राह जब कांटेदार हो...

फूलों की क्यारियाँ तीरों की क्यारियाँ बन गईं!

फिर ...

अचानक एक दिन लड़के की बातें

लड़की कपड़े में घर से निकली थी...

जिस दिन भागी हुई लड़की उठी

पचास रुपये महंगा शंख और..

पांच रुपये महंगा मोती का कंगन...

दालचीनी की कीमत दो सौ रुपए..

बड़ी बहन से उधार लेकर खरीदी साड़ी में..

खुद को आईने में देख...

अनाबिल हँसी फैलाता है -

चारों ओर गिर गया ...

उस दिन बुढ़िया ने भी मन्त्रों का पाठ किया....

कुछ लोगों ने दी उलूर की आवाज!

आज लड़की है घर - दूल्हे का सपना साकार..

आज वह एक विश्व चैंपियन है!

सुख-दुख शिकायत और अभिमान की कमी के कारण होते हैं
कुछ और साल बाकी हैं...

यह एक बोरी की तरह दिखता है जो एक ड्रॉस्ट्रिंग से घिरा
होता है।

दस महीने दस दिन बाद एक लड़की का जन्म होता है!

वह पहली माँ बनने की ललक महसूस करती है ...

और वादा है...

वह इस तरह की अपमानजनक उपेक्षा में पले-बढ़े-

लड़की को उसके जैसा होना जरूरी नहीं है!

तो एक गुड़िया की तरह देखभाल करें

तिल के बीज बढ़ते रहते हैं!

उनकी बेटी दस में से एक होगी

इस सपने के साथ आगे बढ़ते हुए...

एक नए क्षितिज की ओर....

संपत्ति

हम तीन भाई हैं गोद में -

मैं कहता हूं छोटे काम की कार्रवाई...

सब्जी मंडी में मजदूरी -

कुली भी कह सकते हैं...

भले ही बुरा लगे -

कमाई खराब नहीं है!

सब एक छोटा परिवार है..

लड़का हो या लड़की!

मेरा एक छोटा सा अपवाद है

एक ही बेटी - पत्नी

पिता और माता से जुड़े..!

बीमार पापा...

क्या होता है जब आप बूढ़े हो जाते हैं!

नशीली दवाओं का क्रेज भी कई तरह का होता है!

और बचपन से देख रहा हूँ

माँ और असामान्य अवास्तविक ...

पागल नहीं कहा जा सकता!

इलाज का खर्चा है

इसके अलावा दुनिया में...

शिकायतों की कमी है!

दादा-दादी साढ़े तीन सौ बड़े कतले खाते हैं..

मेरे एक सौ साठ पौधे पोना!

ओरा रेस्तरां में मुगलई / बिरयानी -

हमारा रोल / अराजकता ...

इनका बेटा/बेटी है इंग्लिश मीडियम...

मेरा बंगाली सरकारी स्कूल!

उनके रोग विशेषज्ञ...

मेरा सामान्य एमबीबीएस!

वे थोड़े महंगे कपड़े पहनते हैं..

हमारे दो सौ पचास-

इसकी प्रिंटेड साड़ी....!

उनमें से एक की दो मंजिला मंजिल है..

एक कमरा मेरे पिता ने मुझे आवंटित किया था!

उनके घर को बड़े करीने से व्यवस्थित किया गया है।

मेरा एकमात्र बिस्तर -

और शादी का दहेज...

उनकी पत्नी के जेवर बरकरार हैं...

शायद एक या दो बढ़ गए!

मैंने लगभग सब कुछ खो दिया है ...

संबल कान के छल्ले और कंगन की जोड़ी!

उनका एक तथाकथित सुखी परिवार है।

केवल मैं ...

अशांति...

हमेशा हमेशा ....

पत्नी के साथ...

मां ..

पिता के साथ

मेरे ...

यह कहानी रिश्तेदारों और दोस्तों के बारे में है।

दोस्तों के साथ शेयर कर रहा हूँ...

मुझे दोष दो!

कोई बेवकूफ कहता है..

किसी ने लाठी उठाई और कहा...

पागल!

क्या मैं सच में मूर्ख हूँ?

वास्तव में पागल?

क्या मुझे पता है ..

मेरा मतलब ...

मैंने जो सीखा है

इसे कौन किसी भी दिन नकार सकता है?

पिता ..

"पिता स्वर्ग है, पिता धर्म है, पिता परमंतप है।

पिताही प्रीतिमपने प्रियंते सर्वदेवता।

और माँ ...

"जननी जन्मभूमि स्वर्गदापि गरियासी",

यही मेरी असली संपत्ति है..

मेरी दौलत..!!!

चित्र

फूल, बेलें, पत्ते...

पलाश के पहले हाथ में चाक!

रंग बिरंगे सपनों में डूब रही है उसकी चकाचौंध भरी आंखें...

मन में आ जाता है....

घास-फूल - विभिन्न रंगों की तितलियाँ -

बगल में फूस की झोपड़ी है।

डनघिल...

और चमकीला नीला आकाश!

घर के बगल में सड़क के किनारे पुराना बॉट -

जब सूरज माँ के सिर के ऊपर था ...

चारों तरफ तरह-तरह के रंगों का जादू का खेल -

एक हजार पक्षी घर लौटे!

बरसात के आसमान में इंद्रधनुष के कितने रंग...

यह सब उसके ब्रश में कैद करने के लिए एक तस्वीर बन गया!

हंसी के चांद से भरी पूर्णिमा की रात..

झील में कौवे ने सोचा चाँद पानी में है -

सपनों की नाव... ताकि वह सहजता से उसमें सवार हो सके

जादू की दुनिया में घूमा करता था...!

समय मन के साथ नहीं बैठता और -

यौवन में उनके बचपन का रंग अलग है...

पलाश अब हैं पी. मजूमदार-

उसका नाम है ...

उनकी रचना का रसद अब महिलाएं हैं ...

अच्छी महिला आकृति ....

अपने ब्रश के झटके से जिंदा पकड़ा गया!

श्रोणि कोमलता-

घड़े की कमर- सीप जैसी आंखें..

परिपक्व तेलकुचा होंठ - बेल जैसी छाती -

आश्चर्यजनक रूप से सभी चित्र सेक्स से भरे हुए हैं!

बॉलीवुड की दो मशहूर मॉडल हैं उनके लगातार साथी!

खरीदारों की मांग के अनुसार-

हर दिन नई रचना...

तो पत्नी बन जाती है पोर्ट्रेट..

बाजार में बिक गया!

लड़की मॉडल ब्रश किया गया है ...!

लेकिन विदेशों में प्रदर्शनियों के लिए मुझे कुछ और त्रुटिहीन

चाहिए ....

हजारों डॉलर मिल सकते हैं!

दिग्बिदिक उस पलाश से अनभिज्ञ थे -

फूलों, जड़ी-बूटियों और पत्तों से बने रुमाल...

वो पलाश....

विदेश में रहता है -

अपनी माँ की नग्न मूर्ति !!

राणा घाटी की रानुडी

अपान बापन- भटकती जिंदगी...

राणाघाट स्टेशन परिसर...

खाली गले लोकल ट्रेन पर गाना!

नाम, गोत्र, अस्मिताहीन - पागल औरत!

एक-दो रुपये लगातार दान करें!

या फिर ऑफिस लौट रहे बाबू का चेहरा-

कान का सिर मत खाओ ...

सब कुछ इकट्ठा है!

न दिन - न रात..

धूप और बारिश का तूफान ही एकमात्र आश्रय मंच!

या किसी पेड़ के नीचे...

सपना मेरे सीने में अटक गया..

मेरे मन में झांको...

गाने और गाने...

चमकदार आंखें ...

अचानक हीरो बन गया...

पेट में भूखी आग की आवाज में आग का फव्वारा...

। "" एक प्रेम गीत है ...

मज़ा चालू है -

जिंदगी और कुछ भी नहीं तेरी मेरी कहानी है..."

एक दयालु व्यक्ति की सद्भावना में ..

सोशल मीडिया पर डाला वीडियो!

कुछ देर बाद लाखों व्यूज फैल गए...

मीडिया से लेकर स्टार-सुपरस्टार तक -

सबने एक स्वर में कहा..

वो कोयल की आवाज-बिल्कुल लता मंगेशकर!

तूफान ने उड़ा दिया निमंत्रण और बधाई...

भिखारी से लेकर राजलक्ष्मी तक की ज़िंदगी में एक मोड़ !!!

एक स्वर्गीय प्रकाश से भरा ..

मन-आत्मा - सभी दिल ...

दुनिया भर में धन्य धन्य रोब ...

अंतरराष्ट्रीय हस्तियां

"राणा घाट की रानुदी..."

नव खिलता सूरज...

एक प्यारी सी सुबह!

ग़म के समंदर को पार कर...

खुशियाँ छा जाती हैं...!

बस इसे जीना .....

एक पीर का नगमा हे ..

माजो का रबानी वह ..

जिंदगी और कुछ वी नहीं

हे तेरह की कहानी!

ज़िन्दगी चलती है... ज़िन्दगी चलती है...

जीवन को उड़ने दो...जीवन पथ पर...

"" तमसो मा ज्योतिर्गमय ""

जीवन कथा- 1

आपके बेटे का हुनर बहुत...

सब कुछ तेज है!

जिस होम्योपैथ को आपने खुद पास किया...

मेरे बेटे, साइन ...

रोल और रोल!

मैं बहुत कम खेती करता हूँ...

फिर भी हम लंबे समय से एक दूसरे के दोस्त हैं....

अभी ...

मेरा बेटा टोटो चलाता है -

दिन भर जो मिलता है...

मुश्किल से दिन बीतता है!

आपका बेटा एम, बी, बी, एस (कैल)

नामी नर्सिंग होम ..

साथ आओ - चमकदार खुद का कक्ष ...

हजारों जोखिम - उसका अवकाश कहाँ है?

नियमित समाचार नहीं लेता....

रोगी के साथ - कलातीपत !

उस दिन तुमने यही कहा था...

एक सप्ताह में होगा-

सीने में दर्द !

मैंने किसे फोन किया...

बच्चे ने क्या कहा?

यह सुनते ही जंगल घूम रहा है....

बच्चे ने क्या कहा?

समय की कमी ...

यदि नहीं, तो दोहरे नियम से चलें!

वैसे भी साधक..

Redmit पूरी तरह से बाहर रखा गया है!

सब्जियां- मछली का सेवन गलत ना करें...

फल-जड़ से होगी सृष्टि!

ज्यादा पानी पियो ...

फिर से ठंडा न खाएं-

बुखार, सर्दी, खांसी!

मैं अगली छुट्टी पर मेकअप करूंगी-

डॉ. सेन से चेकअप....!

मेरा बेटा ठीक इसके विपरीत है ---

यह दिन है ...

कब?

दिन में दस बार!

काली खांसी और हल्का बुखार -

बेटे और मां ने की सलाह....

मैंने बार-बार कहा है कि तुम इतने कठोर नहीं हो -

अब चलते हैं डॉक्टर के ऑफिस...

असमय ज्वर बहुत अच्छा नहीं होता!

मैं हमेशा सब्जियां, चावल और दाल खाता हूं..

कुछ ही दिनों में मछली-मांस!

माँ और पिताजी को दो और टुकड़े दो ...

पिताजी, अधिक खाओ!

इस तरह दो दोस्तों ने अपने दिन खुशी-खुशी गुजारे..

लघुकथा लघु....

अचानक उस दिन ---

क्या समय हुआ है?

बारह सौ बारह होंगे!

बौडी की आवाज सुनकर--

मैं दौड़ा - मैं और ....

मेरे टोटो ड्राइवर का बेटा!

चलो चले और देखें ...

तुम फर्श पर पड़े हो.....

फोन पर बिजी हैं बाउडी -

एक स्वर में बार-बार -

अलग-अलग भाषाओं में कह रहे हैं....

आपके द्वारा कॉल किया गया नंबर अब स्विच ऑफ कर

दिया गया है ...

(आपके द्वारा कॉल किया गया नंबर अब स्विच ऑफ है)

क्या हुआ?कब हुआ?

सुजी बिना समझे....

मैंने कहा बेबी पकड़ो -

अपने जीजाजी को अभी अस्पताल ले चलो!

उसकी गोद में पाजा..

घर से नीचे उतरो..

आओ भी बच्चे ....

टोटो एक तीर की गति से चलाई!

भर्ती के साथ मरीज को देख..

डॉ. सेन ने आश्वासन के स्वर में कहा ---

समय के साथ जीवन के लिए खतरा बढ़ता जाता है ...

लेकिन .....?

हालाँकि ... लेप्टसाइट को लकवा मार सकता है ...

अब चुपचाप कह दूँ !!

आपको घर वापस खबर मिली..

मैंने देखा ...

कुछ सब्जियां जो उगाई जाती हैं ...

मैंने मन ही मन सोचा, देखते हैं आखिर में क्या होता है!

बाईं ओर गिर गया है

आप व्हीलचेयर पर हैं...

उसने मुझे जाने के लिए फुसफुसाया -

लड़के को अच्छा डॉक्टर बनाने के लिए -

मैं जमीन पर रहता हूं....

बहुत सोचने के बाद अब समझ आया ---

आप और आपका बेटा सच्चे हैं !!!

एक ही फ्रेम में अलग-अलग तस्वीरें

[1] सात रंगों का खेल घेरे की दिशा तय करता है..

हजारों पक्षी स्वदेश लौटे...

कृष्णकुरारा आग जलते पेड़!

दुबले-पतले आदमी का पेट..घी पत्नी

पांच साल का छोटा लड़का .. उसके सिर पर सोने का चावल का

भार ---

पंक्ति पर पंक्ति ..!

घर में नई फसल उग रही है!

आँख के कोने में मुस्कान-

मेरे चेहरे पर मुस्कान -

रोड़ूर से मिली शर्मीली शर्मीली दुल्हन...

किशोरों की आंखों में पैनी नजर..

दक्षिण की हवा में उनके शरीर कांपते हैं!

पुरानी बट दालें बन गई हैं लाल अमृत फल!

तेलकुची फल पक कर बल्ब बन जाता है..

बबूल का पेड़ लटका!

कृष्णाकुर के साथ विलय हो गया है

राधाचुराव क्रोधित वसंत!

[2] थोड़ी देर बाद बर्तन बदल जाएगा -

एक ही फ्रेम में अलग-अलग तस्वीरें देखी जा सकती हैं..

धूसर रात दिन की आँखों में धूल झोंकेगी!

झाड़ियों में जागेगा उल्लू!

चावल की भूसी की आवाज..

जीवन के जोखिम पर -

भोजन की तलाश में निकलेंगे चूहे...

बबूल के पेड़ की चोटी पर बैठेंगे -

बारहवां ढलता चाँद..!

अजीब जादू से भर जाएगा -

सारा वातावरण!

तभी कृष्णकुरा-राधाकुरा पुराने बॉट के तल पर है..

वे कौन हैं ...

छाया छाया मूर्ति ???

हवा में फुसफुसाते हैं..

[3] थोड़ी देर बाद तस्वीर एक नया मोड़ लेगी-एक पैर आगे आ

रहा है..

एक हाथ में हथियार, दूसरे में बत्ती...

खिड़की बंद कर दो ..

दरवाजा लॉक करें!

दुप - कदम, पाटा - पाटा ..

आतिशबाजी की आवाज.....!

[4] सुबह मिलते हैं ...

कृष्णकुरा राधाकुरा गिरते फूल ..

मखमाखी ..

रक्त चाप!

(जैसे-जैसे दिन बीतेंगे, आपको गांव-नगर-उपनगर में ऐसी ही तस्वीर ज्यादा से ज्यादा देखने को मिलेगी..

देश भर में .....)

पिछला जन्म

आतिशबाबू पढ़ रहे हैं..

खेलों में चित्र बनाएं-

नंबर वन कौन कहता है!

जिंदगी में कभी दूसरे नंबर पर नहीं आना पड़ा....

अपनी शिक्षा पूरी करने के बाद, उन्हें बड़ी रकम के साथ

नौकरी मिल गई

समय पर शादी.....

फिर क्या होता है-

लड़का लड़की .....

उन्हें सुशिक्षित - सामाजिक -

आधा जीवन बीत जाता है...!

उसके साथ एक तीन मंजिला घर।

एक मैचिंग सिग्नेचर फोर व्हील कार..

बच्चे अच्छी तरह से स्थापित हैं ....

आह ... उसके पास कार नहीं है ...

सोलह कलाओं में जीवन एक गुण है!

आठवां शुभ...

अभिमान और अहंकार -

जमीन पर मत गिरो!

लड़के-लड़कियों की शादी...

फिर फुरसत का समय आता है!

फिर ...

तीन मंजिला कमरे में बड़ी खुशी से बैठे..

पूरी सावधानी - कुछ दिन बिताने के वास्ते!

एक दिन ....

दादी कहती हैं...

पापा के घर आए लोग...

यदि आप कृपया कुछ दिनों के लिए -

दूसरी मंजिल के कमरे में जाओ....

वो शुरुआत....

उसके बाद तरह-तरह के बहाने....

तीन मंजिला से दो मंजिला -

दो-कहानी से एक-कहानी-

भूतल से बरामदे तक-

बरामदे से वृद्धाश्रम !

आतिशबाबू अब अकेले..

दम घुटने...

मेरा पूरा जीवन

सोलह पर धोखा...

बस ... 000000000000 ...

लोफ़र्स

झुक - हवा में पटका की हड्डी -

बिना लक्ष्य के...

नशे के आदी -

फटी हुई जींस - गंदी टी-शर्ट ...

बाल कटाने -

चेहरे पर हमेशा अश्रव्य अपमान....

विनम्र घर की लड़की - पत्नी कोई अपवाद नहीं है -

राह पर चलना आम लोगों की जिम्मेदारी है!

कोई चट्टान या...

सड़क के किनारे बांस की मचान!

किसी के पास पिता है, मां नहीं...

किसी की मां होती है, पिता नहीं...

किसी के दो माता-पिता हैं -

लेकिन गाजा के मुखिया के लिए कोई जगह नहीं है!

किसी के घर में छोटी बहन...

किसी के घर में बीमार माँ या पापा...

कोई डिग्री के बोझ के साथ नौकरी की तलाश में है!

कोई आलाल के घर में धमाल मचा रहा है..

सब कुछ है लेकिन -?

कोई वांछित प्रेमिका नहीं है!

शायद ब्रेक-अप हो गया था!

देश या विदेश में समाज में कोई सम्मान नहीं होता...

चारों ओर से तीर की तरह एक आवाज - आवारा ....

    आवारा ...

       आवारा ...

तो उनके पास कोई दिन नहीं... कोई रात नहीं...

रॉक या बांस मचान निवासी!

लेकिन हां ....

  जब चुनाव हो -

   राजनीतिक दल को..

     ये फिर बन जाते हैं -

       ढेर सारे कीमती रत्न!

विजय रथ उन्हें ले जाता है ...

राजभवन हो या दिल्ली का शाही दरबार!

ध्वजारोहण के साथ दो से पांच तट पर आदान-प्रदान शुरू-

दीवार पर पोस्टिंग...

   सभा और जुलूस का आयोजन..

     हेराफेरी - सभी को अपनी उंगलियों पर प्रिंट करता है!

मांस के दो टुकड़े -

दो से चार पेग शराब की अदला-बदली...

किसानों के धान के खेत लूट रहे हैं -

झोपड़ी में आग लगा दो!

वे पेट बनाते हैं-

उस पेट को छोड़ दो..

निर्दोष लोगों पर -!

कभी भी खुद पर बम लगाने न जाएं।

बन गई बंजर लाश!

कुछ ...

राजनीतिक दादा की कृपा से ...

मोहल्ले के जाने माने बदमाश हैं-

लालतू-पलटू या वोम्बल के नाम पर !

उनका आह्वान अगले चुनाव में आता है.. विपक्षी दल के

प्रतिद्वंदी उम्मीदवार के रूप में!

फिर "लोफर" नाम ग़ायब हो जाता है..

फिर आसपास -

उसकी जीत-जीत!

एक का जन्म होता है....

मल्ला ....

या एम'पीर....!

कवि

मुँह भरी दाढ़ी मूंछ..

पजामा पंजाबी पहनें!

अनादि काल से कंधे पर तमाचा -

शांतिनिकेतन बैग..

पैरों में सिल दी कोलापुरी की सैंडल!

कोई चश्मा पहने हुए है या..

परिचितों से मुलाकात -

सौजन्य विनिमय ...

क्या हाल है?

एक हल्की सी मुस्कान के साथ..

अपना सिर हिलाओ और सहमत हो जाओ!

कोई हो या रहम का दिन..

चाय मिट्टी के बर्तन में खाई जाती है..

मिट्टी कवि का प्रिय पात्र है!

देखते ही देखते बैठ गए -

एक दयालु व्यक्ति दो-पांच रुपये पकड़कर देता है!

दुनिया में इतनी बड़ी कमी..

अनामने तो हाथ जेब में जाता है!

दुनिया में गृहिणी का गांजा..

बेटे के हजार और बैना!

एक साहित्यिक सभा में जोकर की चाय..

तेल में तली हुई शलजम या दो बिस्किट के साथ...

उसके साथ कितनी रातें गुजरीं-कितने दिन!

सांस्कृतिक संध्या पर...

सम्मानित राजनीतिक नेताओं के बगल में एक प्लास्टिक की

कुर्सी आवंटित की जाती है ...

मॉडरेटर की आत्मकथा के बाद..

बहुत सारे विचारों द्वारा क्रमबद्ध-

एक स्व-लिखित कविता पढ़ें!

दर्शकों के लिए हुर्रे -

आर्केस्ट्रा की रिहर्सल में..

कवि की आवाज खो गई है!

इसके साथ ही ...

किसी नेता या नेता के हाथ से -

छोटे फूल का डंठल..

टिफिन का डिब्बा या मिठाई का पैकेट!

वो खोका के लिए...

यही व्यास है.....

समाज में कोई जगह नहीं है-

दुनिया में कोई दौलत नहीं...

पृथ्वी पर एक अजीब प्राणी की तरह (कवि)

फिर ...

अब और नहीं ...

ऐसे चलती है जिंदगी..

मौत के सामने!

एक दिन .....

गृहिणी

कार्यलय समय -

चेहरे पर मुस्कान के साथ टिफिन बॉक्स आगे!

तो फिर आओ ....

लेकिन सावधान रहना

आ जाओ .....

दुग्गा-दुग्गा...!

(ठाकुर के प्रयोजन के लिए दंपत्ति को साष्टांग प्रणाम)

एक कप चाय के साथ ऑफिस लौटने के बाद -

किनारे आ जाओ -

आज बहुत थका हुआ लग रहा है!

मैं समझता हूँ कि यह बहुत कठिन रहा है?

एक पल इंतज़ार करें -

गरमा गरम रोटी लाओ -

बेसन खाने के बाद -

एक ब्रेक ले लो!

डेढ़ दिन-

रात में देर से -

पांच साल की बच्ची को छुपाना-

बिस्तर पर आओ और हाथ उठाओ !!

छुट्टी की सुबह...

अभी उठे तो?

आठ बजे बहुत कुछ बचा है!

काश मैं सो पाता...

दोपहर मे ---

एक और चम्स भटडी--

मांस के दो टुकड़े लें -

क्या जल्दी है -

चलिए, कुछ पकाते हैं!

क्या तुमने आईने में देखा?

दोपहर में फुर्सत के बगल में बैठे...

लड़के की मत सुनो!

दिन पर दिन लड़की भी अवज्ञाकारी हो रही है

मेरी बिल्कुल मत सुनो!

धान की दाल उगाना -

मेरा कितना बचा है?

दुनिया की जानकारी क्या है......

अगले दिन

टिफिन बॉक्स आगे बढ़ता है -

तो फिर आओ ...

आ जाओ ...

दुग्गा -

दुग्गा ......

जीवन की लड़ाई

मेरी लंबे समय की इच्छा -

क्या तुम मुझे कुरुक्षेत्र के मैदान में ले जाओगे?

कौरव और पांडव -

धर्मयुद्ध कुरुक्षेत्र...

जहां भगवान कृष्ण स्वयं पर्थ के सारथी हैं!

क्या मैं उस बड़े बच्चे को उस क्षेत्र में ले जाऊँगा?

मैंने जिंदगी में बहुत चखा है..

खट्टा-खट्टा-मीठा...

अधिक मिठास कड़वी हो जाती है!

मैंने बहुत से लोगों को देखा -

लाल - नीला - सफेद बहुरूपी -

पल-पल बदलते गिरगिट!

सारे रंग मिल जाते हैं, काला बदसूरत होता है...

बड़ा बच्चा लो?

धर्मयुद्ध महारान कुरुक्षेत्र...

मां मैंने जिंदगी की जंग में जमीन को स्वीकार कर लिया है!

दिन-रात एक-एक करके मिट्टी में समा जाती है -

इसलिए त्वचा का रंग काला होता है!

एक पैर कपड़ा और दूसरा पैर पहने..

मैंने दरार से चावल खा लिया।

ये सोच कर खाना बर्बाद होगा!

एक समय था जब नमकीन दीवारें -

शरीर पर गिरेगा!

बरसात की रात में चावल के खेत में -

मैं कटोरी पकड़ कर रात बिताता था!

आज महल प्रूफ घर है,

कोई कमी नहीं है।

सब कुछ है मिट्टी के लिए...

निरपेक्ष आदमी की बात कभी गलत नहीं होती...

"" पैसा - मिट्टी ..

मिट्टी - पैसा ""

इसकी प्रामाणिकता नेत्रहीन सिद्ध है!

और ये है सीने में मिट्टी -

कौसर - जवानी - बुढ़ापा सारी ज़िंदगी..

एकांत में चला गया - एकांत में!

शौक-मज़ा कभी दोस्त नहीं चाहता था

आप सभी के लिए - दुनिया के लिए!

मुझे पता है कि मेरी बीमारी की कीमत बहुत है -

फिर भी, मैं एक बार बड़े बच्चे को ले जाऊँगा?

मेरा जीवन एक युद्ध का मैदान है - मैंने इसे नेत्रहीन देखा

मेरे युद्ध की पृष्ठभूमि

जीवन के अंतिम महायुद्ध के युद्धक्षेत्र की पृष्ठभूमि का दृश्य

दृश्य....

जहां स्वयं भगवान अर्जुन सारथी हैं!

बड़े लड़के ने कहीं दिया--

आज टिकट खरीदने का दिन है!

लेकिन पिताजी ने सैकड़ों कॉलों का जवाब नहीं दिया -

मौन, भावहीन।

बढ़िया नींद !!!

सिर्फ मैदान में नहीं -

पूरे महाभारत को देखने के लिए।

छूट मैच कल रात...

"माता"

कितनी नींद आती है माँ...

कोई जलन दर्द नहीं है!

कोई चिल्लाना या

कोई दलील नहीं

आप कौन हैं, पिताजी?

बड़ पिपासा -

आज कुछ भी नहीं।

चीखें

ए हाथ जल रहा है ...

जला दिया...

हा हुतश...

हे भगवान इतने सारे लोग मर रहे हैं

मुझे क्यों नहीं?

 और अधिक कुछ नहीं!

बहुत दिनों से बहुत कुछ महसूस कर रहा हूँ..

 आपका और आपका

या पड़ोसियों!

डॉक्टर ने पहले ही जवाब दे दिया था

एक और आम लाइलाज बीमारी...

उम्र बढ़ने के कारण सभी कोशिकाओं तक रक्त का प्रवाह नहीं हो पा रहा है !

तो यह धीरे-धीरे सूख रहा है

उंगलियां -

पैर -

हाथों की छाती -

और असहनीय दर्द!

क्या कोई इलाज नहीं है?

हो सकता है - लेकिन अगर यह संभव है तो भी संभव नहीं है!

पर एक दिन तुमने उस हाथ से कुदाल पकड़ ली -

फसल को छाती में बांधकर खेत में लगाया!

बौंडुले में पति...

यह दुनिया कभी नहीं गई!

पांच-पांच पेट जो दौड़ना चाहिए!

कभी 12 रुपये की मजदूरी पर दूसरों का पेट भरने का काम किया - खेत पर!

बच्चे के चेहरे पर हर समय भूखा रहने से थोड़ा सा पानी डाला गया है!

आज लगभग भूख से मर रहे हैं.....

आप अपने हाथों से नहीं खा सकते ...

यदि कोई कृपा करके तुम्हें खिलाता है, तो वह खाता है

यदि नहीं, तो भोजन में कीड़े और मकड़ियाँ घोंसला बनाती हैं!

सैकड़ों चिल्लाहट और जवाब शायद ही कभी ...

घर में दुर्गंध- प्रवेश की जिम्मेदारी!

क्योंकि अब वही माँ का वास है!

नीरस मिलान वाला बेडरूम बाथरूम!

जब दर्द थोड़ा कम हो जाए

पछतावा मुझे बताता है

जीवित रहने का क्या अर्थ है?

या आप इस तरह जीवित रह सकते हैं?

अच्छा, किसी जन्म का पाप बताओ?

मैंने इस जन्म में कोई पाप नहीं किया है!

पिछला जन्म या अगला - कौन सा जन्म?

मैं मजबूर हूँ ....

इस तरह कितनी सैकड़ों माताएं

कौन जानता है कि कौन जी रहा है?

हमारे नाम के आगे कितने टाइटल हैं

डॉक्टर-मास्टर-इंजीनियर...

लेकिन एक छोटा सा शब्द "माँ"

किसी को इस शब्द को अच्छा करने के लिए...

मुझे सच्चा प्यार कहाँ से मिला?

आज दुनिया का सबसे बड़ा डॉक्टर

उसने आकर मेरी माँ को सुला दिया...

यह नींद हमेशा के लिए नहीं टूटेगी!

यह नींद हमेशा के लिए नहीं टूटेगी!

जीवन कथा- 2

लड़के की नजर में कुछ नहीं...

लड़की कुछ भी नहीं है -

काला सामान्य संरचना!

अब भी प्यार करता हूं ...

लड़की लड़के से नज़रें नहीं छिपाती - संगसारी

तुम दोनों!

लड़का लड़की से कहता है -

ध्यान रखने पर आपकी सेवा बहुत सुंदर है!

 आप कितनी सुन्दर हो ...

आप जैसा कोई भी नहीं है -

कोई बात नहीं ....

खुश रहने वाली लड़की...

लड़के की पूरी देखभाल के साथ-

और अपने आप को मन में सुंदर बनाओ -

बीस से - जैसे फूल खिलते हैं!

एक दिन लड़के ने शब्दों में कहा -

मुझे आपसे मुलाक़ात करनी है!

 लड़की उसकी हरी-भरी है-उसे अपना मानो..

लड़के को एक आँख दान करो!

पीछे मुड़कर देखता हूं तो पहले लड़की को देखना चाहता हूं..

लड़की मुस्कुरा के सामने आती है!

लड़के की आंखों में अंधेरा..

इतने दिनों का उनका विचार टूट गया है - खाओ!

लड़का कहता है..6.

अंधा होना अच्छा था!

तुम सुन्दर नहीं हो .....

अपनी एक आंख खो देता है-

उनके चेहरे की मुस्कान...

सदैव ...!

लड़का सुंदर की तलाश में है!

और लड़की.....

एक खोल अंधेरे में डूब जाता है!

प्रेमकहानी- 1

शादी के बाजार में लड़की जो कहती है -

 पंखों वाली परी!

मिलान थिकुजी - कुष्ठ - राशि ...

ठीक है

पूर्ण विवाह -

ट्वेंटिएथ शी माघ ट्वाइलाइट...!

बेटा सरकारी सेवा में देता है पच्चीस हजार!

एक लाख नकद -

कितना सोना -

फ्रिज - रंगीन टीवी - मारुति वैन ...

Sanaiye Emon - वसंत आ रहा है ....

फिर ....

आधी रात तक भोजन के सामने बैठना!

शरीर में जलन पैदा करने के लिए तकिए को पकड़ें!

स्वामी देवता बेहोश लौटे -

शर्म शर्म की बात है बांध टूट गया!

 सुबह है ...

मिल्क पेपर वालेर कॉल वेक अप!

वसंत आ रहा है ...

पलाश-कृष्ण शिखर के रंग में-

जब पेड़ जलता है - शरीर जलता है और..

कोयल का कंठ सूखी लकड़ी!

चारों तरफ मौत की महक...

फिर ....

संदूक - पादरा हाथ सीधे पिता के घर -

माँ और पिताजी की मुस्कान ...

अकेले एली?

लड़की के चेहरे पर तुलसी के पत्ते!

दिन गुजरते हैं- साल बीतते जाते हैं-

माँ ने पड़ोसी से मुँह ढाँप लिया!

और लड़की डर के रास्ते पर चलती है....

कहीं ऐसा न हो - बिगड़ैल लड़की कहो!

लव स्टोरी-2

लड़की कपड़े में घर से निकली -

बाउंडुले में लड़के ने कमाए वन-डे शो..!

साड़ी पांच सौ

शादी का कुल खर्च दो हजार...

उनकी आँखों में विश्वविजेता मुस्कान!

एक कमरा गन्दा है..

पोंछने के लिए लड़की हाथ मिलाती है - पोंछने के लिए ..

समझो और समझो!

सूरज उगता है और चाँद अस्त होता है...

छोटा सोना आता है घर में रौशनी!

लड़की को डरशो को शो में खींचना पड़ा।

मेले में पति के रास्ते में!

सामने मुन्नी का झूला - दोनों काम -

दोलादया समय!

ढाई सौ प्रिंटेड साड़ी -

गरमा गरम चावल-उबले घी की महक...

किसी दिन या कन्या आवंटन से बचायें -

दूध का एक कप ......

 कि कैसे ...

 तीन जिंदगियां लुढ़क गईं -

 तीन साल ...

आज माघ है...........

पति का सिंदूर - माथे पर गिरा -

 दक्षिण की खिड़की पटक कर खुल गई।

 याई में घंटी -

 जब बात आती है शहद खाने की...

 लड़की पर बैठी है शरारती तितली!

चांदनी रात -

खिड़की से दक्षिण हवा -

उसने फूलों की महक से कहा...

"" शादी की सालगिरह मुबारक ""

बहता जीवन

मुझे अपनी माँ की गोद याद नहीं है-
जब मैं रो कर उठा!

मुझे अपनी माँ की गोद में याद है।
मैं अपना चेहरा छुपा कर चुप था!
माँ की तुंग की चूड़ी की आवाज -
पालना जब्त कर लिया गया था!
मुझे याद है जब मैं लड़का था -
खिलौना घर खेल था!
धीरे-धीरे साल बीत गए -
तब मैं साढ़े सोलह साल का था!
दुरु दुरु के बुक -
बात करते समय बहुत गूंगा!
आइए एक पल में देखते हैं-
उसके कपड़ों पर नजर!

फिर

प्यार बासी है।
इसके बाद।

रोना - हँसी।

मैं पागल हो गया प्रेमी -

सारा बकरा जंगल में चला गया!

अपान ...... बापन।

अपने साथ जीवन जियो!

मैं पिता और चाचा बन गया-

अब मैं आधा बूढ़ा हो गया हूँ

घर के करीब

संग मेरी बारी है !!

मेरे बारह महीने

सुनो दादाजी

बस बोलो .... तुकबंदी।

तांबा बनाएं-

एक गुलदस्ता!

तभी उसकी जेब में पैसे थे

अब जेब खाली है!

अता तब पेड़ में थी -

अब मैं झुक रहा हूँ!

बैशेख - सीनियर समर हाई

अब मैं गोदी पर मर गया हूँ!

अशर श्रवण में हुई बारिश-

दो आंखों से आंसू गिरते हैं!

भद्रा-अश्विन मिठे कारा-

मेरा चेहरा तब जल गया!

कार्तिक - अग्रहयन हिमेल हवा -

मेरा एकमात्र भूत!

पौष-माघ सर्दी में लिपटा-

मेरे शरीर को गले लगाओ!

फाल्गुन-चैत्र पलाश रंगा -

मेरी यादों की कब्र खोदो!

सूरज दिन के आसमान में तैरता है -

चाँद रात के आसमान में मुस्कुराता है!

इस तरह मेरे जीवन में-

चैत्र जाता है और बैशेख आता है!

मैं एक चिला में धूप में रहना चाहता था

मुझे बस चाहिये

धूप होने के लिए एक सर्द!

बबला खैरा की खिड़की के उस पार -

थोडी सी हँसी की तरह रहो

सूरज चमक रहा है!

पेंट-ब्रश 'फूल, पक्षी-जड़ी-बूटी-पत्तियां ...

भूनिर्माण -

भूसे की इमारत!

आकाश कुसुम सपना...

एक पल में राजा-रानी-राजा!

और मेरी कलम बनना चाहती थी...

एक छोटी चमकदार तलवार!

वार हाउस में तीन सौ सत्तावन मजदूरी का काम...

कमी की शिकायत -

दाल चावल अच्छा चल रहा था!

इंडस्ट्री ने जमीन से लेकर जमीन तक सब कुछ खा लिया है...

संबल केवल चंद कत्था भूमि!

अचानक गिद्ध की नजर...

दलाल - धोखेबाज - धोखेबाज - धोखेबाज -

छीन लिया....

मेरा और मेरे परिवार का अतीत और भविष्य!

ठिठुरन में धूप होने से ज्यादा -

सीने में जलता ज्वालामुखी अब!

बदला लेने की ललक जग गई है...

मारपीट का बदला -

जीवन के बजाय जीवन!

बाप रे

मुझे बस चाहिये-

धूप होने के लिए एक सर्द!

बबला खैरा की खिड़की के उस पार -

थोडी सी हँसी की तरह रहो

सूरज चमक रहा है!

लेकिन क्यों?

मिडिल क्लास लाइफ

(मासिक वेतन- आठ से दस हजार)

वेतन दिवस का महीना ..

बेबी, मैं तुम्हारे लिए क्या ला सकता हूँ?

बिरयानी ...!

माँ तुम्हारे लिए...?

मिर्च के बिना चाओमिन!

क्या?

आपके लिए

कुछ नहीं ...

मांस के साथ खासी/पाठा?

हुह ...

माँ तुम्हारे लिए?

तेज गेंदबाज की गोली चली गई है...

हाँ, मैं लाऊँगा!

कुछ फलदायी?

सेब के साथ आओ!

ठीक है .....

और अपने लिए...

एक छोटी लाल पेय की बोतल।

वह दिन यहीं समाप्त हुआ -

डेढ़ से दो हजार!

फिर ...

आइए जायजा लेते हैं...

कीगो के पास पांच हजार...

क्यों ......?

लड़के और लड़की की ट्यूशन...

दूध ...

मां ओला..

मैंने एक छोटा सा कर्ज चुकाया ..

ये सही है ...

फिर पांच...

किराना दुकान में तीन...

मौजूदा बिल चार सौ छियासी..

पांच सौ सब्जियां!

क्या आपके पास किंगो गैस है?

थोड़ा ...

चिंता मत करो

किसी छोटिन मैं लकड़ी पर चलता रहूंगा! एक जोड़े जूते खरीदो?

मैं देख रहा हूँ तुम्हारे कपड़े भी पुराने हैं –

अगले महीने बने रहें!

तो कितना?

डेढ़ हजार की मौत..

कार्यालय यात्रा कम से कम एक हजार

हाथ में पांच सौ।

बीमारी ...

मोड़ ...

गेस्ट रिसेप्शन..???.

क्या होगा ..

मुझे अभी भुगतान मिला है?

अब उनतीस दिन!

आगे क्या होगा?

जैसा चलता है -

उस रास्ते ....

इतनी चिंता मत करो!

बाजार भाव में आग लगी है..!!!

बजट कम करें...

गिन्नी...बजट काटो...,

कविता आप

शायरी अगर आप दाल चावल बनना चाहते हैं -

लेकिन कितने कवियों के दिल बच जाते!

प्यास का पानी हो तो -

कितने जीवित थे चातक!

तुम सिर्फ सफेद जमीन पर कलम को खरोंचते हो - अंकिबुकी

पागल प्रलाप!

चंद्र फल कास्ट-

चमेली के फूल की तरह चावल..

सपनों का अंत होता है -

जीवन के आधे से अधिक!

तो मन में फूल गिरे -

हजारों रंगीन तितली पंख गिरते हैं!

जले हुए कौकेटील का गला सूखी लकड़ी है!

तो इंद्रधनुष के रंग क्षितिज पर विलीन हो जाते हैं ...

जीवन रंगीन नहीं बनता!

बचपन-किशोरावस्था खत्म..

सुस्त बेटी के पत्ते निगल!

क्लर्क बनने के लिए कटी जवानी!

दुनिया का बोझ है बुढ़ापा..

केवल पत्तों के बिना पत्ते-

एक लकड़ी का शरीर!

इसलिए मैं कविता कहता हूँ -

आप दाल चावल हैं

प्यास का पानी बनो!

शाश्वत मृत्यु कवि-हृदय की आत्मा नहीं है..

किसी और को नहीं लिखना है -

दुनिया भूख की स्थिति में गद्य से भरी है -

पूर्णिमा रोटी की रोटी की तरह है।

(कवि - सुकांत)

कवि और कविताएं

कविता :- मैं आपको क्या दे सकता हूँ ?

मेरे पास क्या है?

कविः- अपने बगीचे में कुछ न मिले तो- गांधारा खिलते हैं।

उसे दो प्यार मत दो!

शायरी :- फूलों से सोचता हूँ -

 मैंने और गलतियाँ कीं!

कविः- फूल सुंदर हैं, पवित्र हैं- जो सुंदर हैं, तो शिव-सच, गलत कैसे हो सकता है?

"सत्यम शिवम सुंदरम" को भूल जाओ

कविता;- मैं इतनी छोटी औरत को समझ नहीं पाता मैं-

कवि नहीं.....

कविः- आप कवि के काव्य की जननी हैं।

कविता :- मेरे पास और क्या है ?

कविः- तुम सबसे सच्चे हो,

क्या आपके पास दिमाग है...

यदि आप वह तुकुई नहीं देते हैं!

कविताः- क्या चाहते हो?

कविः- हाथ थाम लो...

इसे जीवन का स्पर्श दें ...

झप्पी ...

कविता :- ज्यादा बात मत करो...

 आप कवि हैं - मैं कवि हूँ!

कवि:- तुम प्यारे प्यारे!

 तुम्हारी आँखों में टेढ़ी नज़र!

चांदनी रात में मुस्कुराओ

 वह अमृत है...

उसे थोड़ा मत दो..!

कविता :- मेरे पास क्या है ?

कवि:- तेरा मातृत्व है...

 शुद्धता...आपकी सबसे बड़ी संपत्ति देवत्व है.....

कविता:- क्या चाहते हो?

कवि:- आप देवी की कृपा करें !!

कवि और बकुल (वार्तालाप)

शायर :- जैसे हो वैसे ही रहो बकुल....

बकुल :- तुम मुझे पाना नहीं चाहते ?

कवि:-बिल्कुल.....

लेकिन आप जानते हैं कि आपका अपना होने का क्या मतलब

है - एक फूलदान में व्यवस्थित एक सुंदर फूल -

ऐसे ही,

आप कितनी भी परवाह करें, कुछ दिनों के बाद

सूख जाएगा.....!

बकुल :- क्या दूर से ही अपनी प्यास बुझाओगे ?

क्या मन ही सब...

क्या शरीर नामक कोई वस्तु है?

कवि: मैंने तुम्हारे पैर के नाखूनों से लेकर तुम्हारे बालों तक

सब कुछ देखा है..

मुझे पता है कि अंग कहाँ हैं -

लेकिन .....

बकुल: लेकिन काम नहीं है, चलो एक तन और मन से मिलते

हैं।

गले से लिपट जाऊंगा....

कवि:- तुम गलत कर रहे हो बकुल...

तुम वह माला बनोगे जो मैं सजाऊंगा!

तुम सूखी लकड़ी बनोगे....

बकुल :- फूल में खिलना माला बनना है... इसलिए फूल का जीवन सफल होता है !

तुम मुझे स्वीकार करो - कवि ...

कवि:-अगर वो और मैं पैदाइशी फूल प्रेमी होते..

आप क्यों नहीं समझते

अपना बोझ ढोना एक बड़ी अफ़सोस की बात है!

बकुल :- कायर.....

देखिए इस मैचिंग बॉडी को...

भौंरे कितने होते हैं?...

दक्षिण की हवा बहने आई है...!

कवि:- भौंरों के कानों से बात करते हुए-

हवा में उड़ना -

फिर .....

बकुल: (हँसते हुए) फिर...

शंख बजाएगा - सनाई बजाएगी -

बूढ़ी औरत मंत्र पढ़ेगी -

"मम हृदयंग टैब -तदीदंग मम"

फूल चंदन विनिमय!

हरिकथ .... (आँखों में आंसू आ जाते हैं)

आप अपनी कलियों को खो देंगे .....

कवि: (शांत स्वर में) बकुल रा कभी खोया नहीं है...!

जब तक कवि के हाथ में कलम है - जब तक .. साहित्य के

पन्नों में - कवि के मन में - जीवित रहेगी -

आप अपने जैसे हैं - गंधराज - रजनीगंधा ...

गुलाब ....!

बकुल :- (आँसू पोंछते हुए)

मुझे सच बताओ-

सारी जिंदगी याद है..?

कवि:- मैंने वादा किया था...

कवि के शब्द कभी झूठे नहीं होते!

अतीत पर नजर रखें तो आप देखेंगे - बाल्मीकि मोनिर ..

अमल से - आज तक ...

कवि अपनी छाती पर फूल रखते हैं,

कवि हमेशा फूलों के प्रेमी होते हैं।

बकुल :- (चौड़ी आँखों से) ब-दा-य..

शायर : (भावुक स्वर में) अलविदा मत कहो बकुल.. सीने पर

हाथ रख लो- तुम मेरी धड़कन महसूस करोगे..

चेहरे पर मुस्कान लेकर आओ...!

बकुल: ((धीरे से एक मुस्कान खींचते हुए)

आ जाओ

शायर : (आहें भरते हुए) बकुल आ जाओ....

कोई बात नहीं करता

उस समय, जब मैं बच्चा था, मैं कक्षा छह या छह में था।

पापा कहते थे कि तुम्हें बहुत बड़ा होना है - मैं घर के सामने नारियल के पेड़ दिखाकर कहता था कि उन पेड़ों जितना बड़ा हो?

पिताजी हँसते थे और कहते थे, "तुम बड़े आदमी हो।"

तब मुझे नहीं पता था कि कितने बड़े लोग हैं।

पिताजी ने कहा कि मैं तुम्हें इंसान बनते नहीं देखना चाहता।

अचानक, बाबा सरस्वती पूजा के एक दिन पहले, मैं रोया और मुझे अकेला छोड़ दिया।

मां-दादा ने कहा रोओ मत पापा, कोई और हमेशा नहीं रहता- हम यहां हैं, हम आपको सही रखेंगे।

मैंने उस साल श्रद्धांजलि देने के लिए दूर की मां का चेहरा तक नहीं देखा!

अंतिम परीक्षा में केवल एक महीना बचा था - मैंने कठिन अध्ययन किया और समय पर परीक्षा दी - परीक्षा का परिणाम सामने आया।

मैं केवल तीन नंबर के लिए उपवास किए बिना दूसरे स्थान पर रहा!

कितने लोगों ने इतनी सलाह दी - कुछ को इसका पछतावा भी हुआ।

किसी को एहसास नहीं हुआ कि मेरी आत्मा पंछी-पिंजरे से उड़ गई है!

मुझे पहली बार बचपन में एहसास हुआ कि कोई किसी को नहीं समझता - कोई बात नहीं करता।

फिर।

जैसे दिन बीतते हैं और महीने बीतते हैं, वैसे ही पृथ्वी की आयु भी होती है।

दो कमरे का घर जिसमें भूसा और गोद में एक मां और तीन भाई-चार लोगों का पेट मुश्किल से चला जाता है।

जैसे हर किसी की जिंदगी में बसंत आता है, वैसे ही मेरी जिंदगी में प्यार की पंखुड़ियां भी एक-एक कर पंखुड़ियों से मिलती हैं।

मेरे गांव में बगल में एक लड़की का चेहरा मूर्ति जैसा दिखता है।

पहली कविता जो मैंने देखी थी

बस घूर रहा हूँ

मैं दो लोगों को देखता हूं-

अपनी काली आँखों को गहरा...

गहरे बाल -

अधिक मुझे दुखी करता है!

स्कूल से घर वापिस या फुरसत में - मैं बस एक बार उसे देखने के लिए पड़ोस के टेमाटा रोड पर घंटों बैठ जाता....

उसके चारों ओर विचार और वे विचार कविताओं की पुस्तक में फूलों के रूप में खिल गए - कितनी मायावी कल्पनाओं ने उसे पकड़ लिया होगा और कुछ विचार फिर से समुद्र में खो गए होंगे।

इसे इस तरह से काटा गया था, बिल्कुल हर किसी की तरह!

अचानक सुबह-सुबह कोई छोटी बच्ची अनुपमा के नाम की चर्चा करने लगा।

कल रात पकड़ी गई थी बच्ची

विवाहित।

मैंने सुना है लड़के की सोने की दुकान है!

मैं किताब लेकर बैठा ही था कि नाम मेरे कानों में पड़ा।

दूल्हा आ रहा है, दूल्हा आ रहा है, शोर सुनकर मैं घर से बाहर भागा।

हाँ, मेरा पहला प्यार अनुपमा मेरी कविता है।

उसकी शानदार दुल्हन की पोशाक में, उसका सोने का दुकानदार दूल्हे का हाथ पकड़ता है - dang dang

अपने ही घोंसले में जा रहे हैं।

और एक बार मुझे एहसास हुआ कि कोई नहीं समझता - मैं समझना नहीं चाहता - कोई बात नहीं करता!

फिर।

कुछ सर्दियों के बाद वसंत वास्तव में जीवन में आ गया है।

मैंने रोज से कहा आई लव यू रोज -

गुलाब शर्म से लाल हो जाते हैं

चेहरा पत्तों के पीछे छिपा है!

मैंने रजनीगंधा से कहा- उसने वही कहा- अगले फागुन में दिखेगा!

गंधराज किसने कहा कि तुम मेरे हो जाओगे?

उसने चुपचाप मुँह फेर लिया।

बसंत और ग्रीष्म ऋतू -

कृष्णकुरा तो तुम मुझसे प्यार करते हो?

कृष्णकुरा आ रहा है, उसने सारी गर्मी एक फुट दुपा के साथ बिताई!

मुझे लगता है कि अब श्रावण का महीना भारी बारिश हो रहा है - बारिश हो रही है।

बकुल तुम मेरा होना चाहिए?

यह सुनकर बकुल ने अपने ढंग से आँधी-बादल-बिजली की सहायता से दुःख-निरोध का आह्वान किया, मुझे बहा ले गया, उड़ा दिया, मुझे जला दिया।

फिर से समझ गया

सच में कोई नहीं समझता...

प्यार मत करो - कोई बात नहीं करता!

फिर?

फिर क्या -

वरदुबी लोग एक छोटे से खारकुतोतो में शरण लेते हैं!

मैंने उसे बचा लिया जिसने जीवन साथी के रूप में सब कुछ त्याग दिया।

साड़ी तीन सौ - अल्ता - सिंदूर पलार बाला दुशो - फूलों की माला बहमन दक्षिणा एक सौ... शादी का खर्चा कुल डेढ़ हजार! सूरज उगता है और चाँद अस्त होता है।

नन्हा सोना घर को रोशन करने आता है, पहला बच्चा। मानते हैं कि लड़की फूल की तरह बढ़ती रहती है!

मैं काम के गैप में पढाई के लिए समय लगाता हूँ - पढाई के गैप में मैं भी अपने पिता की तरह कहता हूँ - तुम्हे बड़ा होना है - जो नहीं मिला वो मिलेगा - जो मैंने नहीं देखा उसे आप ठीक कर सकते हैं !

मेरी जवानी चली गई, मैं सिर्फ तुम्हारे लिए अपनी जान दूंगा।

जब भी संभव हो लाभ को अधिकतम करने के लिए लॉन्च के लिए आपके पास इन सभी दो घटकों को रखना चाहिए।

यह तीसरा महीना है, बापी को मेरा Android मोबाइल चाहिए।

लड़की ने कहा कि उसके दोस्तों के पास सब कुछ है, इसे मत खरीदो, बापी- मैं हमेशा ठीक रहूंगी...

लेकिन अगर आप वादा करते हैं?

लड़की ने सिर हिलाया और मान गई!

एक महीने की मेहनत के साथ अस्सी घंटे काम करने के बाद मैंने अपने दिन में Redmi Five खरीदा।

फिर।

हर कोई महसूस कर रहा है कि मैं बहुत सोच रहा था, आप जानते हैं।

फिर भी मैंने उसे पूरे विश्व में - आकाश में उड़ने दिया।

रात-दिन फोन पर खुटखता-व्हाट्सएप-फेसबुक चैट-माता-पिता अलग हो गए और दूसरी दुनिया की लड़की में भटक गए!

मेरे ज़ख्मों पर नमक मलने की बात करो - डी'ओह!

उसकी माँ कहती है यह सब अशांति तुम्हारे लिए... मुझे लगता है कि मैं इस फोन को फेंक देता हूँ - दिन-रात फोन के साथ बैठना, पढ़ना आलसी है, आदि ... दिन भर हड्डियाँ तोड़ने के बाद हर दिन एक ही अशांति किसे पसंद है?

एक दिन उसके सिर में आग लग गई और उसने लड़की को दो अच्छी और बुरी बातें बताईं!

एक दिन बीत जाता है और दो दिन बीत जाते हैं।

30 अक्टूबर 2018 को काम से लौटकर युवती की तलाश-मां ने कहा ट्यूशन गई, रात नौ बजे नहीं आई, रात के ग्यारह बजे घर नहीं लौटी बच्ची!

आज का दिन है जब मन आतंक से भरा हुआ है।

मैं कहाँ रह सकता हूँ? मैं किसके साथ जा सकता हूँ? मुझे एक फ़ोन नंबर मिला और सीधे चार या पाँच घंटे के लिए कॉल किया!

कुछ स्विच ऑफ - कुछ व्यस्त हैं या कुछ कवरेज से बाहर हैं। रात के बारह बजे मैं चिंता से लगभग पागल हूँ।

उसकी माँ पहले ही उसे बिस्तर पर ले जा चुकी है।छोटी बच्ची बुखार के कारण कुत्ते की तरह रो रही है।

दुःख की दुनिया क्या है?

फोन जो दोपहर 12:30 बजे व्यस्त था कि नंबर कवरेज से बाहर था सक्रिय हो गया था।

चिंतित - मैंने चिंता में फोन पकड़ लिया

नमस्ते।

दूसरे छोर से बेटी की आवाज: पापा, मैंने अपने पसंदीदा लड़के से शादी कर ली - चिंता मत करो।

अद्भुत दुनिया।

हैरानी की बात है कि मैंने आपको इस जीवन में एकमात्र अविश्वासी पाया।

मुझे नहीं पता कि वह अब कहां है।

क्या वे वास्तव में एक दूसरे से प्यार करते हैं?

कोई बात करता है?

दुनिया में सच में किसका प्यार जिंदा है?

मैं

हाँ अल जो मुझे बहुत बकवास लगता है, ऐसा लगता है कि बीटी मेरे लिए भी नहीं है।

लेकिन पारंपरिक प्रथा जारी रहेगी - कोई किसी को नहीं समझेगा - कोई बात नहीं करेगा - कोई बात नहीं करेगा !!!
कोई बात नहीं करता

उस समय, जब मैं बच्चा था, मैं कक्षा छह या छह में था।

पापा कहते थे कि तुम्हें बहुत बड़ा होना है - मैं घर के सामने नारियल के पेड़ दिखाकर कहता था कि उन पेड़ों जितना बड़ा हो?

पिताजी हँसते थे और कहते थे, "तुम बड़े आदमी हो।"

तब मुझे नहीं पता था कि कितने बड़े लोग हैं।

पिताजी ने कहा कि मैं तुम्हें इंसान बनते नहीं देखना चाहता।

अचानक, बाबा सरस्वती पूजा के एक दिन पहले, मैं रोया और मुझे अकेला छोड़ दिया।

मां-दादा ने कहा रोओ मत पापा, कोई और हमेशा नहीं रहता- हम यहां हैं, हम आपको सही रखेंगे।

मैंने उस साल श्रद्धांजलि देने के लिए दूर की मां का चेहरा तक नहीं देखा!

अंतिम परीक्षा में केवल एक महीना बचा था - मैंने कठिन अध्ययन किया और समय पर परीक्षा दी - परीक्षा का परिणाम

सामने आया।

मैं केवल तीन नंबर के लिए उपवास किए बिना दूसरे स्थान पर रहा!

कितने लोगों ने इतनी सलाह दी - कुछ को इसका पछतावा भी हुआ।

किसी को एहसास नहीं हुआ कि मेरी आत्मा पंछी-पिंजरे से उड़ गई है!

मुझे पहली बार बचपन में एहसास हुआ कि कोई किसी को नहीं समझता - कोई बात नहीं करता।

फिर।

जैसे दिन बीतते हैं और महीने बीतते हैं, वैसे ही पृथ्वी की आयु भी होती है।

दो कमरे का घर जिसमें भूसा और गोद में एक मां और तीन भाई-चार लोगों का पेट मुश्किल से चला जाता है।

जैसे हर किसी की जिंदगी में बसंत आता है, वैसे ही मेरी जिंदगी में प्यार की पंखुड़ियां भी एक-एक कर पंखुड़ियों से मिलती हैं।

मेरे गांव में बगल में एक लड़की का चेहरा मूर्ति जैसा दिखता है।

पहली कविता जो मैंने देखी थी

बस घूर रहा हूँ

मैं दो लोगों को देखता हूं-

अपनी काली आँखों को गहरा...

गहरे बाल -

अधिक मुझे दुखी करता है!

स्कूल से घर वापिस या फुरसत में - मैं बस एक बार उसे देखने के लिए पड़ोस के टेमाटा रोड पर घंटों बैठ जाता....

उसके चारों ओर विचार और वे विचार कविताओं की पुस्तक में फूलों के रूप में खिल गए - कितनी मायावी कल्पनाओं ने उसे पकड़ लिया होगा और कुछ विचार फिर से समुद्र में खो गए होंगे।

इसे इस तरह से काटा गया था, बिल्कुल हर किसी की तरह!

अचानक सुबह-सुबह कोई छोटी बच्ची अनुपमा के नाम की चर्चा करने लगा।

कल रात पकड़ी गई थी बच्ची

विवाहित।

मैंने सुना है लड़के की सोने की दुकान है!

मैं किताब लेकर बैठा ही था कि नाम मेरे कानों में पड़ा।

दूल्हा आ रहा है, दूल्हा आ रहा है, शोर सुनकर मैं घर से बाहर भागा।

हाँ, मेरा पहला प्यार अनुपमा मेरी कविता है।

उसकी शानदार दुल्हन की पोशाक में, उसका सोने का दुकानदार दूल्हे का हाथ पकड़ता है - dang dang

अपने ही घोंसले में जा रहे हैं।

और एक बार मुझे एहसास हुआ कि कोई नहीं समझता - मैं समझना नहीं चाहता - कोई बात नहीं करता!

फिर।

कुछ सर्दियों के बाद वसंत वास्तव में जीवन में आ गया है।

मैंने रोज से कहा आई लव यू रोज -

गुलाब शर्म से लाल हो जाते हैं

चेहरा पत्तों के पीछे छिपा है!

मैंने रजनीगंधा से कहा- उसने वही कहा- अगले फागुन में दिखेगा!

गंधराज किसने कहा कि तुम मेरे हो जाओगे?

उसने चुपचाप मुँह फेर लिया।

 बसंत और ग्रीष्म ऋतू -

कृष्णकुरा तो तुम मुझसे प्यार करते हो?

कृष्णकुरा आ रहा है, उसने सारी गर्मी एक फुट दुपा के साथ बिताई!

मुझे लगता है कि अब श्रावण का महीना भारी बारिश हो रहा है - बारिश हो रही है।

बकुल तुम मेरा होना चाहिए?

यह सुनकर बकुल ने अपने ढंग से आँधी-बादल-बिजली की सहायता से दुःख-निरोध का आह्वान किया, मुझे बहा ले गया, उड़ा दिया, मुझे जला दिया।

फिर से समझ गया

सच में कोई नहीं समझता...

प्यार मत करो - कोई बात नहीं करता!

फिर?

फिर क्या -

वरदुबी लोग एक छोटे से खारकुतोतो में शरण लेते हैं!

मैंने उसे बचा लिया जिसने जीवन साथी के रूप में सब कुछ त्याग दिया।

साड़ी तीन सौ - अल्ता - सिंदूर पलार बाला दुशो - फूलों की माला बहमन दक्षिणा एक सौ... शादी का खर्चा कुल डेढ़ हजार!

सूरज उगता है और चाँद अस्त होता है।

नन्हा सोना घर को रोशन करने आता है, पहला बच्चा। मानते हैं कि लड़की फूल की तरह बढ़ती रहती है!

मैं काम के गैप में पढाई के लिए समय लगाता हूँ - पढाई के गैप में मैं भी अपने पिता की तरह कहता हूँ - तुम्हे बड़ा होना है - जो नहीं मिला वो मिलेगा - जो मैंने नहीं देखा उसे आप ठीक कर सकते हैं !

मेरी जवानी चली गई, मैं सिर्फ तुम्हारे लिए अपनी जान दूंगा।

जब भी संभव हो लाभ को अधिकतम करने के लिए लॉन्च के लिए आपके पास इन सभी दो घटकों को रखना चाहिए।

यह तीसरा महीना है, बापी को मेरा Android मोबाइल चाहिए।

लड़की ने कहा कि उसके दोस्तों के पास सब कुछ है, इसे मत

खरीदो, बापी- मैं हमेशा ठीक रहूंगी...

लेकिन अगर आप वादा करते हैं?

लड़की ने सिर हिलाया और मान गई!

एक महीने की मेहनत के साथ अस्सी घंटे काम करने के बाद मैंने अपने दिन में Redmi Five खरीदा।

फिर।

हर कोई महसूस कर रहा है कि मैं बहुत सोच रहा था, आप जानते हैं।

फिर भी मैंने उसे पूरे विश्व में - आकाश में उड़ने दिया।

रात-दिन फोन पर खुटखता-व्हाट्सएप-फेसबुक चैट-माता-पिता अलग हो गए और दूसरी दुनिया की लड़की में भटक गए!

मेरे ज़ख्मों पर नमक मलने की बात करो - डी'ओह!

उसकी माँ कहती है यह सब अशांति तुम्हारे लिए... मुझे लगता है कि मैं इस फोन को फेंक देता हूँ - दिन-रात फोन के साथ बैठना, पढ़ना आलसी है, आदि ... दिन भर हड्डियाँ तोड़ने के बाद हर दिन एक ही अशांति किसे पसंद है?

एक दिन उसके सिर में आग लग गई और उसने लड़की को दो अच्छी और बुरी बातें बताईं!

एक दिन बीत जाता है और दो दिन बीत जाते हैं।

30 अक्टूबर 2018 को काम से लौटकर युवती की तलाश-

मां ने कहा ट्यूशन गई, रात नौ बजे नहीं आई, रात के ग्यारह बजे घर नहीं लौटी बच्ची!

आज का दिन है जब मन आतंक से भरा हुआ है।

मैं कहाँ रह सकता हूँ? मैं किसके साथ जा सकता हूँ? मुझे एक फ़ोन नंबर मिला और सीधे चार या पाँच घंटे के लिए कॉल किया!

कुछ स्विच ऑफ - कुछ व्यस्त हैं या कुछ कवरेज से बाहर हैं।

रात के बारह बजे मैं चिंता से लगभग पागल हूँ।

उसकी माँ पहले ही उसे बिस्तर पर ले जा चुकी है।छोटी बच्ची बुखार के कारण कुत्ते की तरह रो रही है।

दुःख की दुनिया क्या है?

फोन जो दोपहर 12:30 बजे व्यस्त था कि नंबर कवरेज से बाहर था सक्रिय हो गया था।

चिंतित - मैंने चिंता में फोन पकड़ लिया

नमस्ते।

दूसरे छोर से बेटी की आवाज: पापा, मैंने अपने पसंदीदा लड़के से शादी कर ली - चिंता मत करो।

अद्भुत दुनिया।

हैरानी की बात है कि मैंने आपको इस जीवन में एकमात्र अविश्वासी पाया।

मुझे नहीं पता कि वह अब कहां है।

क्या वे वास्तव में एक दूसरे से प्यार करते हैं?

कोई बात करता है?

दुनिया में सच में किसका प्यार जिंदा है?

मैं

हाँ अल जो मुझे बहुत बकवास लगता है, ऐसा लगता है कि बीटी मेरे लिए भी नहीं है।

लेकिन पारंपरिक प्रथा जारी रहेगी - कोई किसी को नहीं समझेगा - कोई बात नहीं करेगा - कोई बात नहीं करेगा !!!

भगवान का उपहार

भगवान ने सभी लोगों से कहा -

आपके इरादे जो भी हों -

उस रास्ते जाओ .....

अतीत में धन मिलेगा - (अमीर व्यक्ति)

पश्चिम में गुलाब का रस-उपभोक्ता सामान (स्त्री.)

उत्तर में लोगों को लुभाने का विज्ञान (नेता)

और दक्षिण में, राशि राशी, सपना कल्पना (कवि)।

पचास प्रतिशत पहले चला गया -

चालीस लोग पश्चिम -

नौ उत्तर -

दूसरा दक्षिण चला गया!

जिसने अपनी मनचाही वस्तु को पूरी ताकत से लूटा -

भगवान बस मुस्कुराए!

एक दिन खजाना खत्म हो गया-

समय के साथ उपस्थिति -

नकली सोने की तरह -

जल गया काला!

विद्‌या का मुखौटा चमका रहे लोगों ने हटाया!

केवल सपनों और कल्पनाओं की दुनिया रह गई -

बिलकुल पहले की तरह!

कभी राजा -

कभी मंत्री -

कभी किरायेदार -

आप कब चाहते हैं -

सब कुछ आपके हाथ की हथेली में है !

बदलना

बदला हुआ ...
मौखिक भाषा -
आँख से संपर्क ...
चलना बदल गया।
काम के प्रकार!
यह कब तक रहा है?
लगभग एक सप्ताह!
एक छलांग में बीस साल कम की उम्र!

जब वह इस पाठ को पढ़ता है ..
चेहरे पर लालपन आना -
मैं यह भी समझता हूँ!
शायद आत्मा -
वह एक रिश्तेदार था -
शायद या..
जैसे पत्थरों को छूना!

मन सोना हो गया है...
दिल सोना है!

अब वह शाम और सुबह प्रार्थना करता है -

मेरी शुभकामनाएं ..

मैं करता हूं!

 रास्ते में ...

 बहुत प्यारे इंसान की तरह..

 इस्ता देब कर के आगे झुके!

संदेश -

        "सावधान रहें और अपना ख्याल रखें"

 .... अद्भुत ...

कई काम की भीड़ पूरे दिन अच्छी तरह से रहती है!

 मैंने उसे कभी नहीं देखा..

उसने मुझे देखा भी नहीं..

 फिर भी दिल से दिल की बात...

 दिन के दौरान -

 रात को

शायद एक दिन अदारे-सोहागे..

सोना छोटा हो -

सोना मोनिर की तरह..

 आएगा

        मेरे जीवन में

या -

दम टूटना...

भविष्य

मैंने तुम्हें चांदनी की तरह पाला है -

 एक दिन मेरा पेट भर जाएगा...

सपनों का गर्भ आपके गर्भ में पैदा होगा!

कीवी पूरे शरीर में फैल जाएगी।

आपका पेड़ बर्बाद नहीं हुआ है -

मैं उसे एक बाड़ दूंगा -

मैं इसे दिन रात करूँगा ..

शुद्ध बीज..

स्वस्थ पौधरोपण की आशा!

उंगलियों पर -

शायद एक कौवा-अता के साथ -

चोरी करेंगे-

फिर ...

अता ठोकर खाकर खाएगा!

अवांछित नमकीन मिट्टी पर गिरेंगे बीज!

 पानी, प्रकाश और हवा के लिए उपयुक्त...

स्वस्थ अंकुर नहीं होंगे!

भ्रूण हत्या होगी!

और मेरे प्रयास व्यर्थ होंगे ..

सपने तो सपने ही रह जायेंगे !

शुद्ध अंकुर ..

पेड़ की छाया...

मुक्त ऑक्सीजन।

नहीं मिलेगा शुद्ध फल-

समाज - विश्व -

देश - दुनिया...!

वसंतकी कोयल

जब मैं तुम्हें देखता हूं-

हुड - हड्डियाँ निकल रही हैं..!

जैसे ही मैं आपको बताता हूं, आप कह रहे हैं-

मायादों को आजादी नहीं है?

सुनो बहन भाई तुम आज़ाद हो-

बोइला डींग मारना - सच में नहीं....!

आप अभी भी जवान हैं -

आप नहीं समझे!

उस पुरुष जाति में मैं-

मुझे कम दिन नहीं दिखते!

सब बराबर हैं...

आप अभी भी उनके चीनी कहाँ हैं?

वे एक वसंत कोयल हैं!

क्या आप सच्चाई जानते हैं?

आपकी कच्ची उम्र - वसंत के युवा पत्ते ...

फ्लाइंग बुक टेल!

सारा शरीर शहद से गुलजार है...

तो देखो कितने कोयल रुपया आदमी -

मैं तुम्हारी डालियों पर एक घर बनाना चाहता हूँ!

कितनी लोमड़ियाँ बग़ल में दिखेंगी...

कुछ पीछा करेंगे -

इस आस में कि उसका फल गिरेगा...!

आप टैगो की तरह दिखते हैं -

उनके आलोक में...

मैं जल्दी उठ जाऊँगा-

शरिल शिर शिर करेंगे!

फिर कोयल में गलती किसने की -

सफलता मिले।!

थोड़ी देर के लिए प्यार

पहुंचना - शरीर में - शरीर में ...

और अपने घर में अंडे दें...

बसंत खत्म होते ही कोयल चली जाएगी !!

फिर क्या होगा???

आगे क्या होगा .....

वंश का मूल्य - सम्मान की रक्षा के लिए -

तुम्हारे माता-पिता ने अदरक का पानी पिया...

शादी के बाजार में होंगी नईमा...

अपने पैर में एक बर्तन की तलाश में!

घड़े के आकार का गिद्ध -

उसे उसके घर ले जाओ...

आपकी हड्डियाँ खा जाएँगी दरारें - महीनों!

और तुम पेट में कोयल के अंडे डालो..

मैं कौवे के घर की देखभाल करूंगा-

कोयल का बच्चा.....

दिन रात अपमान...

मुझे लगता है कि सुअर मर जाएगा ----

कोयल का बच्चा बड़ा हो रहा है -

मैं तुम्हें विदेश ले जाऊंगा ...

फिर ......

तब हम बराबर होंगे -

भीषण सर्दी में झड़ेंगे पत्ते - शारिल...

शरीर का फल होगा सूखी लकड़ी -

पुराने खीरे की तरह...

फिर कोई आपको दोबारा नहीं देखेगा-

कभी गलती मत करना !!

क्या यही है माया लोगों की आज़ादी.....

दीदी भाई???

घुमंतू

देश में खेती की कमी के कारण खाद्यान्न की कमी और खाद्यान्न की कमी थी, इसलिए एक दो गौरैया अपने बच्चे के साथ दूसरे राज्य में चली गई ...

कारखाने में - कभी गैरेज में या गलियों की सफाई में, दिन बहुत चल रहा था ... बच्चे भी पंखे-चावल में बड़े हो रहे थे ...

इस तरह कई दिन और रात खुशी-खुशी बीत गए।

उस समय पूरी दुनिया कोरोना नामक एक अज्ञात वायरस से त्रस्त थी।

लॉकडाउन... हवा में लॉकडाउन...

अच्छा इस लॉकडाउन को सिर में मत खाओ? कौन जाने

आस-पास के सारे काम सीख गए- तो खाना बंद कर दो...

सारा घर बंदी - इसका अंत कौन जानता है

कहाँ?

घर के छोटे बच्चे चले गए हैं...

आप उसे कैसे करते हैं?

सब्जियों को उबालकर और खाकर देश में आज भी जिंदा रहना संभव है।

इस विचार के साथ, गौरैया दंपत्ति अपनी दृढ़ इच्छाशक्ति

और साहस के साथ - अपने बच्चों के साथ - अपने बच्चों के साथ - फिर से उड़ने लगे -

लेकिन इस तरह से जाना कितना संभव है? पानी नहीं होने से...

उड़ते समय अचानक मुझे एक पैलेस प्रूफ हाउस दिखाई दिया...

उस घर में तारों में ढेर सारे खाने का इंतजाम होना चाहिए, नर पक्षी की आंखें चमक उठीं...

बाकी सदस्यों को कुछ देर रुकने के लिए कहते हुए नर पक्षी सीधे महल की ओर उड़ गया - उसका अनुमान सही है।

बहुत से लोग खाने में व्यस्त हैं ... इसलिए वह बरामदे पर इंतजार कर रहा था, कुछ बचा हुआ पाने की उम्मीद में!

उसे देखकर दास, सेवक और पकानेवाले सब चिल्लाने लगे।

चढ़ाई के तुरंत बाद गिरी हुई धरती आती है ... बस एक घिसा-पिटा शरीर

कितने दिनों से मेरे पेट में पानी नहीं है - तो चढ़ने का ये दुख...

गुलामों और रईसों ने चिल्लाया कि गौरैया मर गई -

विपदा वही है जो बगल के नाले में रह जाती है...महल के मालिक का फरमान पल भर में होता है...!

दोपहर के बाद चढ़ाई नहीं लौटी, खाना अच्छा नहीं था।

चिंतित नव-हिप्पी और उनकी ग्लोबल वार्मिंग, मैं आपको बताता हूँ

मैंने चिड़िया का शरीर देखा...

यह देख दो भूखे-प्यासे बच्चे बेहोश हो गए और सैकड़ों कॉलों का कोई जवाब नहीं दिया... इस बीच, शाम हो गई!

खोई हुई दिशा पर चढ़ती है मां... क्या करेगी? इस स्थिति के लिए कौन जिम्मेदार है???

राजमहल के सिंह द्वार के सामने बैठी मां चराई जोर-जोर से रोने लगी...

निरपेक्ष मंगल तक पहुंचा संदेश...

आसमान में बादल फटने लगे -

मानो एक बार में सैकड़ों-हजारों

पागल हाथी एक साथ दहाड़ने लगा और फिर चलने लगा!

थोड़ी देर बाद इसकी शुरुआत सुपर साइक्लोन से हुई

भारी बारिश के साथ बेकार बिजली...

सारा शहर काँप उठा और काँप उठा और सब नष्ट हो गया और रसातल में डूब गया ...

प्रसाद बसिराव ने फिर ताही-ताही रोब को उठाया...

लेकिन मोक्ष?

कहीं भी नहीं ...

इस तरह कुछ दिनों के लिए पूरे शहर में पानी भर गया...

चारों ओर मौत का जुलूस!

प्रसाद के लोगों ने ऊपर की मंजिल पर शरण ली है - लेकिन आश्चर्य की बात यह है कि उनका भी पानी खत्म हो गया है ...

अब क्या होगा?

माँ चराई महल की चोटी पर बैठी हैं और पत्थर की आँखों से सब कुछ देख रही हैं।

लॉक डाउनमें पर्व

पहला बैशाख - बंगाली नव वर्ष!

आप एक मध्यम वर्ग के पालतू हैं
"परिवार" प्यारे लोग - पिछले बीस दिनों से घर बैठे सरकार के निर्देश - विशेषज्ञों की सलाह का ठीक से पालन किया है ...
क्या आपके पास अभी भी हमेशा की तरह दाल चचारी चावल हैं?

तो सुबह सात बजे आपने गिन्नी को हाथ में बैग लेकर बाजार जाने को कहा...

जब मैं बाजार गया तो देखा कि आप जैसे सैकड़ों लोग लॉकडाउन की अनदेखी कर रहे हैं और बिना किसी पाबंदी के खरीदारी कर रहे हैं...

क्योंकि आज पहला बैशाख है-

मेरे ज़ख्मों पर नमक मलने की बात करो - डी'ओह!

तो आप दस-पांच दुकानों के आसपास गए और मछली, मांस, दही, मीठी सब्जियों जैसी कोई चीज नहीं छोड़ी।

ठीक से घर वापस आ गया -

फिर दावत...हर कोई मुस्कुराता नहीं! गृहिणी और मुस्कुराता

हुआ चेहरा सबकी सेवा करने लगा! -आपकी सात साल की लड़की आपको गले लगाती है और आपको किस करती है ...

इकलौता लड़का जिसने अभी-अभी हाई स्कूल से स्नातक किया था, उसने कहा, "पिताजी, आप महान हैं"।

आपके मन में भी ढेर सारी खुशियां आई और खुशी मिली! ये है कहानी की शुरुआत....

इस बीच, सरकार ने पांच दिनों के ब्रेक के साथ और 21 दिनों के लिए लॉकडाउन की घोषणा की है...

इस बीच एक हफ्ते के बाद आपकी सर्दी में हल्का बुखार महसूस होगा -

बुरा वक्त समझ कर आप दौड़े फॅमिली डॉक्टर बाबू के पास!

फैमिली डॉक्टर को ठीक से समझ नहीं आया... उसने सलाह दी कि आप थोड़ा सा एंटीबायोटिक लेकर सरकारी अस्पताल जाइए!

अगले दिन आप अपनी पत्नी को स्थानीय अनुमंडल अस्पताल ले गए... और भारी भीड़ देखी...

लेकिन कोरोना परीक्षण किट - लगभग नहीं - उन्होंने आपको ए-एमएआर बांगुर अस्पताल में स्थानांतरित कर दिया ...

आपने कई लोगों के लिए एक कार किराए पर ली और आप बांगुर अस्पताल पहुंचे...

आपको वहां कोरोना के लक्षणों की वजह से भर्ती कराया गया है!

डॉ. बबूरा ने आपकी पत्नी से कुछ प्रश्न पूछे - रिपोर्ट आने तक कुछ नियम-कायदों का पालन करने का भी निर्देश दिया...

आपकी पत्नी उदास होकर घर लौटी आ-का-ए-का...

तब तक गांव के पड़ोसियों ने तुम्हारी बीमारी के बारे में सुना...तुम्हारा बेटा-बेटी दो कमरों में बंद हैं...सुबह से खाना नहीं खाया है!

मोहल्ले में कोई तुम्हारे घर नहीं आया...तुम्हारे दादा-दादी भी नहीं...न दोस्त...

जिनसे आप इतने लंबे समय से बातें कर रहे हैं, वे चट्टान पर बैठकर बातें कर रहे हैं

जितना हो सके रिश्तेदारी बनाए रखें!

समय सार का है ...

इस स्थिति में कौन अपनी जान जोखिम में डालना चाहता है?

दो दिन बाद आपकी रिपोर्ट में

"सकारात्मक मत बनो"

तो सरकार की ओर से आपके परिवार के सदस्यों - पत्नी, बेटे और बेटी को एक जगह जगह की कमी के कारण अलग-अलग अस्पतालों में भर्ती कराया गया है।

अभी तक आपने किसी रिश्तेदार से खबर सुनी है...

तुम बस बिस्तर पर लेटे हो और मृत्यु के दिन गिन रहे हो, भगवान को दोष दे रहे हो और रो रहे हो और कह रहे हो कि हे भगवान हमने क्या किया है?

बाकी की कहानी .....

इस बीच, हमारा राज्य तीसरे स्तर पर पहुंच गया है और समूह संक्रमण शुरू हो गया है।

दूसरे शब्दों में कहें तो कोरोना वायरस की उत्पत्ति कहां से नहीं हो सकती है!

हजारों मरीज आ रहे हैं और जा रहे हैं, मौत का सिलसिला जारी है...

लेकिन अच्छी खबर यह है कि आप ठीक हो गए हैं.. आपको कल छुट्टी मिल जाएगी!

हमेशा की तरह सरकारी गाड़ी आई और तुम्हें घर ले गई।

लेकिन जिस आदमी ने थोड़ा सा पानी डाला वह पता लगाने के लिए जिम्मेदार है ...

बैंक लोन के साथ आपका सपनों का घर, जिसकी ईएमआई अभी बाकी है - हाँ, सपनों का घर गुलजार है ... कोई रिश्तेदार नहीं है, कोई संतान नहीं है, कोई पत्नी नहीं है ... आप अकेले और अकेले हैं ...

जो कुत्ता पढ़ रहा था.. तुम्हारी नन्ही सी बच्ची जो लाली को बुलाती थी- जो रोज दोपहर ऑटो-कट खाने आती थी..उसे फ़र्क

नहीं पड़ता...

चारों तरफ मौत का साया...

लगता है कोई आपके इर्द गिर्द घूम रहा है...!

तुम अपनी मौत से नहीं डरते... क्या तुम्हें डर है कि तुम्हारी बेटी-बेटा-पत्नी घर लौट आएंगे?

ये सोच आपको दिन रात पागल कर रही है....!

पुजारी और भगवान

कोरोना वायरस "हमले अब दुनिया भर में चिंता का विषय हैं।
भयभीत ... पुराना
लेकिन!
क्यों नहीं?
मौत का सिलसिला दिन-ब-दिन बढ़ता ही जा रहा है.... सही दिशा किसी को नहीं मिल रही...

इस बीच स्कूल-कॉलेज स्कूल-
कारखाना - कार्यालय कचहरी -
सभी परिवहन व्यवस्था के साथ हाट बाजार...
एक के बाद एक बंद हो जाते हैं अलग-अलग तीर्थ-मंदिर-मस्जिद-चर्चों के दरवाजे!
तो दुनिया भर के लोग...
अज्ञानी...
आप अपने धर्म में, अपने पसंदीदा देवता में विश्वास खो रहे हैं ...
कुछ ने निराशा भरे स्वर में कहा, "भगवान, भगवान, वे जो भी हैं, क्या वे सो रहे हैं?"

तो हमारे उद्धार का मार्ग क्या है?

"भगवान - अल्लाह - भगवान - या जो कुछ भी आप अच्छे के लिए करते हैं ...

लेकिन क्या हमारा दुर्भाग्य करीब आ गया है?

"क्या हमारा जीवन नोबल कोरोना नामक राक्षसी वायरस से प्रभावित होगा?"

भगवान .. भगवान .. भगवान .. क्या आप यही चाहते हैं?

उस पुरुषोत्तम के बाद भक्तों का आह्वान होता है - विनम्र वाले

कॉल का जवाब न दें...

उन्हें बचाओ मत!

यह सोच ठीक नहीं है....

वह है

पेश है इसके बारे में एक छोटी सी कहानी...

विश्व प्रसिद्ध कृष्ण मंदिर...

उस मंदिर का एक धर्मनिष्ठ पुजारी था... नित्य पूजा उसका काम और ध्यान-ज्ञान था!

वह यहोवा की सेवा किए बिना पानी को कभी नहीं छूता था!

ऐसे ही दिन, महीने, साल और उम्र बीत जाती है...

लेकिन यह हमेशा समान नहीं होता - अचानक एक प्राकृतिक आपदा आती है ...

भारी बारिश से पूरे देश में बाढ़!

हमेशा की तरह मंदिर परिसर में उठने लगा पानी!

बचाव दल पहुंचे और अन्य नौकरों और लोगों को निकाला
... और महायाजक को उनके साथ चलने के लिए कहा ....

परन्तु महायाजक ने उनकी न सुनी... क्योंकि उसे विश्वास था
कि यहोवा स्वयं आकर उसे बचाएगा!

रेस्क्यू टीम लौटी!

पुजारी और अधिक समर्पित हो गया और भगवान का जाप
करने लगा।

थोड़ी देर बाद नाव के सहारे फिर से रेस्क्यू टीम आई...
पुजारी की कमर तक पानी में खड़े होकर नारे लगाते हुए - फिर
उसने फिर वही फरमाया..

रेस्क्यू टीम फिर चली गई!

कुछ घंटे बाद रेस्क्यू टीम हेलीकॉप्टर से पहुंची तो पुजारी को
मूर्ति के सामने पानी में खड़ा देखा.

फिर भी काम चल रहा है!

याजक ने फिर उनके साथ जाने की विनती की...

लेकिन पुजारी की आस्था अभी भी बरकरार है।

वह तब तक विस्थापित नहीं होगा जब तक कि परमेश्वर
स्वयं आकर उसे छुड़ा न ले!

बचाव दल को वापस जाना चाहिए!

फिर हुआ ये कि सलिल की कब्र पुजारी की थी...

चूंकि पुजारी एक धर्मपरायण व्यक्ति था, इसलिए उसे स्वर्ग में स्थान मिला....

और आपको प्रभु को देखने को मिला ... और

जैसे ही उसने इसे देखा, उसने प्रभु से पूछा, "यह कैसा है, भगवान?"

प्रभु किस समय कहते हैं? किस तरह से?

हे प्रभु, क्या आप इच्छाधारी सोच रहे हैं? प्रशंसकों की इच्छाओं को पूरा करें!

क्या आप किसी भी खतरे में अपने कदमों को बचाते हैं?

भगवान कहते हैं कि मेरे मुंह की बात कभी झूठी नहीं होती ...

"हर अब और फिर धर्मस्य ग्लेनिरभावती भारत। अभ्युत्थानमधर्मस्य तदत्मनंग श्रीजाम्यः। मोक्ष में, धार्मिकता बुराई का विनाश है। धर्म की स्थापना की संभावना के युग में ... भगवत गीता

जीवन भर मैंने प्रभु को जाना है... पर मेरा क्या हुआ...

पुजारी ने सुनाई अपनी मौत से पहले की कहानी...

पुजारी के मुंह में कहानी सुनकर...

भगवान मुस्कुराए और बोले- मैं तुम्हें बचाने गया था एक बार नहीं-तीन बार...

पुंजारी ने आश्चर्य से पूछा किस समय?

मैं बचाव दल के साथ था जब पहली बार मंदिर परिसर में पानी बरसने लगा!

दूसरी बार जब पानी तुम्हारी कमर तक बढ़ा तो मैं नाव पर चढ़ गया!

और तीसरी बार गले तक पानी...

मैं तब हेलिकॉप्टर में था... आपने नोटिस नहीं किया!

तुमने मुझे बार-बार ठुकराया...

तुम इतनी बड़ी सेवा हो...

तुम बस मेरा शंख-चक्र-गद्दे कमल रूप देखते थे...

मैं ब्रह्मांड में एकमात्र पुरुष चरवाहा हूं ... कोई मुझे किसी न किसी रूप में पूजता है ...

अलग-मंदिर-मस्जिद-चर्च-गुरुदरे...   भगवान-अल्लाह-भगवान-धर्म गुरु आप अलग-अलग नामों से मेरी पूजा क्यों नहीं करते... भले ही उनका रास्ता अलग हो, मैं हमेशा अपनी शरण की रक्षा करता हूं और उन्हें बचाता हूं.. .

लेकिन मैं हमेशा एक रूप में मौजूद नहीं होता - कई रूपों में, मेरे सामने।

जिस शस्त्र की आवश्यकता है वह वह शस्त्र है जो युगों-युगों से होता आया है...

1. सत्य युग में मछली के रूप में प्रकट हुई मछली
2. कूर्म, कछुआ के रूप में सत्य के युग में अवतरित हुए
3. सुअर के रूप में सत्य के युग में उतरा सुअर

4. नरसिंह, अर्धनारसिंह सतयुग में अवतरित हुए

5. त्रेतायुग में बौने के रूप में अवतरित हुआ बौना

6. त्रेतायुग में परशुराम, परशु यानि राम कुल्हाड़ीधारी अवतार में

7. राम, रामचंद्र, त्रेतायुग में अयोध्या के राजकुमार के रूप में अवतरित हुए

8. कृष्ण अपने भाई बलराम के साथ त्रेतायुग में अवतरित हुए।

9. बलराम, कृष्ण के सबसे बड़े भाई त्रेतायुग में उतरे।

10. कल्कि, नवीनतम अवतार। हिंदू मान्यता के अनुसार, वह कलियुग के अंत में प्रकट होंगे...

क्या यह आपके लिए अज्ञात है?

यह सुनकर याजक ने लज्जित होकर यहोवा के चरणों पर गिर पड़ा।

तो दोस्तों ...

इस कठिन समय में भगवान कहो, भगवान कहो, और भगवान कहो।

अलग-अलग रूप हैं!

तो डॉक्टर - नर्स, वैज्ञानिक ... विभिन्न जैविक सेवा प्रदाताओं की टीमें

यदि आप शब्द की अवज्ञा नहीं करते हैं - इसे शाब्दिक रूप से

देखा जाना चाहिए!

और यही हमारे बड़े खतरे से बाहर निकलने का एकमात्र रास्ता होगा....

सब अच्छा होगा स्वच्छता के नियमों का पालन करें।

वो हमेशा अलग अंदाज में हमारे साथ हैं और हमेशा रहेंगे....

मैं तुम्हें शुभकामनाएं देता हूं

www.ingramcontent.com/pod-product-compliance
Lightning Source LLC
LaVergne TN
LVHW040041150726
843364LV00038B/952